〈しょうがい〉と〈セクシュアリティ〉の相談と支援

木全 和巳 ——著
Kazumi Kimata

クリエイツかもがわ
CREATES KAMOGAWA

はじめに

　2011年に『〈しょうがい〉のある思春期・青年期の子どもたちと〈性〉』(かもがわ出版) という本を出しました。〈しょうがい〉のある思春期・青年期の子どもたちと〈性〉について、基本的な考え方について、書きました。当時は、類書はあまりなく、読んでくださる方から、お話を聞きたいと依頼があったり、相談を受けたりすることもありました。

　あれから6年、その後も、父や母などの保護者の方、学校の教員の方、放課後等デイサービスの職員の方、子どもの入所施設の職員の方、成人の事業や施設の職員の方、地域の相談員の方、時に、本人たちからも、相談を受け、いっしょに事例検討をしたり、本人たちと学習をしたり、その支援をしたりしながら、たくさんの事例と関わってきました。

　わたしは、"人間と性"教育研究協議会の障害児者サークルというところで、仲間のみなさんと実践研究を続けてきました。このサークルも2016年で20年を迎えました。2016年2月には、立教大学で第21回のセミナーも開催することができました。

　メインとなるこの本のPart1は、このサークルがだいたい年に4回ほどのペースで出している通信に連載してきた相談支援の事例に手を入れたものです。これらの相談支援事例は、相談支援の事例の特徴を活かしつつ、本人が特定できないように細部の情報を加工したり、いくつかの事例をまとめたりしながら、書いてきました。

　Part2では、〈しょうがい〉と〈セクシュアリティ〉の相談と支援を行う時に、わたしが大切にしている価値とポイントについて、少しだけ理論的に整理をしてみました。理論的にといっても、まだまだ体系的なものではなく、実践をしていく時にわたしが基本としている考え方をまと

めなおしたものです。

　この相談事例集は、ちまたで流行っている「Q&A本」「ハウツー本」ではありません。最近は、困るとすぐに「どうしたらよいのか」と「手立て」のみを、手っ取り早く解決の手段を求める風潮が強くあります。困っているとどうしても、「わらをもつかむ」気もちで、すぐにでも解決できる「手立て」を求めがちです。それは仕方がないことです。適切な「手立て」を講じることは必要で大切なことですが、ほんとうにそれだけでよいのでしょうか。

　特にこと〈セクシュアリティ〉に関しては、近代以降の日本人は、科学と人権という視点で受けとめることを学んできていませんでした。国家の側も、民衆の支配のために、意図的にそうしてきませんでした。「産めよ増やせよ」というのは、富国強兵という近代国家日本のスローガンでした。また、女性を抑圧するためにちからのある男性にとって都合のよい政策でもありました。こんなこともあって、わたしたちは、〈セクシュアリティ〉に関することは、「恥ずかしいこと」として隠しつつ、何とか見えないようにして、「解決」とはいえない「解決」を図ろうとしてきました。特に、さまざまな機能しょうがいのある人たちの〈セクシュアリティ〉については、優秀な遺伝子を残すことが大切という「優生思想」の影響も強く、なきものとして、葬り去ろうとしてきたのです。

　現在でも、大学の講義でこのテーマを扱うと、機能しょうがいのある人には性欲があるとは考えたことはなかったという感想が寄せられます。ですから、ほんとうの意味での解決の方法など、そう簡単に見つけることはできません。

　人は、一人ひとり個性的です。その個性の中核でもある〈セクシュアリティ〉は、多様です。単純なハウツーでは、うまく解決できるものではありません。誰にでも当てはまる魔法のような「手立て」はありません。

はじめに

　この本では、まずは、相談事例を通して、当事者の視点に立ちながら、「どうみたらよいのか」という「見立て」と「共感的理解」を学び合いたいということに重点をおきました。「見立て」の重視です。

　「見立て」と「手立て」とともに、もう一つ大切にしたいポイントは、自分の「立ち位置」です。自分自身が〈しょうがい〉と〈セクシュアリティ〉についてどのように考えているのかという「自己覚知」を促しつつ、どの立場でどの位置からどう関わろうとしているのか、という自覚についての「気づき」が深まることを意図しました。

　わたし自身は、機能しょうがいがある子どもたちの教育を学ぶことから出発して、児童養護施設や知的障害児施設という現場で、生活の中で直接子どもたちと関わる経験をしました。そして、情緒障害児短期治療施設でセラピストの仕事をした後で、大学の教員になりました。その後も、さまざまな現場で、さまざまな方々の相談支援のお手伝いをさせていただいています。こうした自分自身の体験はとても貴重なものでした。一方で、どうしても自分の体験から自由になることはむずかしく、自分のこうした経験をていねいにふりかえりながら、自分の立ち位置を確かめつつ、現在に至っています。

　どちらかと言えば、一人のソーシャルワーカーとして、教育や臨床心理の学びも活かしつつ、臨床的な実践をしてきました。中心的なアイデンティティは、ソーシャルワーカーです。これからお読みいただく相談支援事例にも、わたしのこうした「クセ」が多々出ていると思います。

　あくまでも、本人を真ん中においた〈しょうがい〉と〈セクシュアリティ〉の相談と支援をどのように取り組んだらよいのだろうか？　何が大切か？　なぜ大切か？　というわたし自身の問いに対して、自分なりに答えを見つけたいとねがい、自分のために書き綴ってきたものです。お作法がしっかりしている研究論文ではありません。

いつもいつもこれでいいのかと迷い、試行錯誤の連続でした。いまも
そうです。各々の相談支援事例は、「物語」として読み取っていただき、
我がこととして重ねあわせながら、大切なことは何かを考える手がかり
にしたいただけるとうれしいです。

　〈しょうがい〉と〈セクシュアリティ〉の相談と支援は、ほんとうに奥
が深く、まだまだ未熟で、ちから不足を感じることが多いです。それで
も、当事者たち、支援者たちに鍛えられながら、一歩ずつ歩んできました。
その途中経過の報告です。その時には、何よりも、困っている本人を中
心にしつつ、「共に学び合う」という視点を大切にしてきました。

　特に、知的しょうがいが比較的軽度な人たちに起きがちな、アダルト
ビデオに出演したり、性風俗の仕事についたり、望まない妊娠をしたり、
性暴力の加害者や被害者になったりなど、こうした事例については、ま
だまだ十分に書ききれていません。そこまで寄り添いきれていないから
でしょう。また、「自慰」というテーマなどは、事例を積み重ねつつ、多
角的にていねいに書いていく必要があるとも考えています。

　相談を受け、支援をする実践者のみなさんのみならず、相談をしたい
本人、家族の方にも、お読みいただき、困っていることへの何らかの解
決のヒントが得られれば、幸いです。

　なお、相談事例についてはすべて仮名にしました。また、事実関係、
例えばきょうだいの性別など、相談に直接関わりのない事実については
変更しています。さらに、いくつかの事例を組み合わせたものもありま
す。ご了承ください。

〈しょうがい〉と〈セクシュアリティ〉の相談と支援
目　次

はじめに　003

Part1　相談支援事例編 ··· 009

Case1　学校でキスをしようとするところを
　　　　先生に見つかってしまいました　010

Case2　実習先で先輩の女の子にいきなり抱きつかれて　014

Case3　初潮後半年ほど月経がないのですが　018

Case4　自慰をどのように教えたらよいのでしょうか？　022

Case5　声をかけられた男の人について行ってしまったのですが（その1）　026

Case6　声をかけられた男の人について行ってしまったのですが（その2）　030

Case7　幼児に性的な加害をしてしまいました　034

Case8　近所の小学生のズボンを下ろして、性器に触ってしまいました　038

Case9　コンビニで女子高校生に急に近づいて　042

Case10　いつまでいっしょにお風呂に入るの？　046

Case11　いつまでいっしょの布団に寝ているの？　050

Case12　宝石を買わされてしまいました　054

Case13　旅行先でお酒を飲んで、てんかん発作を起こしました　058

Case14　母親の前でわざと自慰をします（その1）　062

Case15　母親の前でわざと自慰をします（その2）　066

Case16　姉の結婚式に出た後で、自分も「結婚したい」と繰り返します　070

Case17　ブラジャーをうまくつけるために──あこがれと挑戦と　074

Case18　下着を盗ってしまうことがやめられません　078

Case19　チャットへ性器の写真を送ってしまいました　082

Case20　「女の子になりたい」という軽度の知的しょうがいの青年　086

| Case21 | ヘルパーさんへのセクシュアル・ハラスメントへの対応は？（その1）090 |

| Case22 | ヘルパーさんへのセクシュアル・ハラスメントへの対応は？（その2）094 |

| Case23 | 人前で激しい自慰を行う女の子、どうすればよいでしょう？ 098 |

| Case24 | ペニスの洗い方、どう教えたらよいですか？——銭湯学習の成果 102 |

| Case25 | 知的しょうがいのある弟の性、どのように受けとめたらよいのですか？ 106 |

| Case26 | 「気をそらす」指導以外によい方法は？ 110 |

| Case27 | 自宅に帰ると全裸になってしまうのですが 114 |

| Case28 | 電車の中でペニスを触っているところを動画に撮影され、ネットに流されてしまって 118 |

Part2　相談支援実践理論編

〈しょうがい〉と〈セクシュアリティ〉の相談と支援を
行う時に大切にしていること ………………………… 121

実践理論編のまえおき　122

1　機能しょうがいのある人たちの豊かな性と生を支援するために　124

2　思春期・青年期の性と生の特徴とその支援　143

3　相談支援実践の「枠組み」　151

4　改めて〈しょうがい〉と〈セクシュアリティ〉の相談と支援を
　実践する時に大切にしたいこと　168

おわりに　171

Part 1

相談支援事例編

ase

01

学校でキスをしようとするところを
先生に見つかってしまいました

中学部3年生、軽度の知的しょうがいのある男の子のお母さんからの相談

　学習会の後で司会の方が「質問のある方」と聞かれても、こと〈セクシュアリティ〉に関しては、周囲の方々が気になってか、その場で出されることはあまりありません。

　そこで最近は、メールアドレスを黒板に書いたり、スライドの最後に提示したりすることにしています。もしご相談があればどうぞ。「夜回り先生」のようにすぐに返事はできませんが。でも1週間以内には何とかお返事ができると思いますと。

　こうしたことがきっかけで、いくつものメールをいただきました。相談ですから、秘密を守らなくてはなりません。本人が特定できないようにいくつかの事例を組み合わせ、かなり加工をして、よくある事例にしたうえで、紹介してみましょう。

✉ 木全先生へ

　先日、開催された「〈しょうがい〉のある子どもの思春期を考える」に参加させていただきました。

　子どもは、現在15歳の中学3年生の男子です。特別支援学校に通っています。軽度の知的しょうがいがあります。

Part1　相談支援事例編

　中1の終わりくらいからだと思いますが、一人の子と"彼氏彼女"の関係になり、学校では給食後のお散歩を楽しんだりし、放課後は電話や携帯メールをしたり、交換ノートやお手紙のやり取りもしたりしています。お休みの日は、たまに親付きですが、デートもしています。まだまだ恋に恋して「ごっこ」みたいですが、来年は高校生になりますし、これからどう支援していけばいいのかなと、考えていました。

　で、1週間ほど前、よい具合に（？）ちょっとした問題（？）が起きました。学校で、二人で給食後の散歩に出かけ、誰もいないところでキスしようとするところを学年の先生に見つかってしまい、注意を受けました。

　その時は、未遂だったので「何もしてないから！」と、否定し合う二人だったそうですが……。多分、その時は初めてではなく、何度かはそういう行為（キスしたり触れ合ったり）はあったんだと思っています。その日の連絡帳には「二人だけの行動は禁止にしました」と書いてありました。

　帰宅後、母は、「何もしていないから」と必死で否定する息子に「好きな人同士が、キスしたり触れ合ったりするのは、いけないことじゃないんだからね。でも、学校でするってどうかな。よくないよね」とだけ、言っておきました。連絡帳にもそのように書きました。その後、まだなにもありませんが、どのように対処していけばいいものでしょうか？　アドバイスをお願いいたします。

011

✉ 山本さま

　メールありがとうございました。

　すてきな子育てをされてきましたね。子どもさんもきちんと受けとめて、成長されていると思います。

　「好きな人同士が、キスしたり触れ合ったりするのは、いけないことじゃないんだからね。でも、学校でするってどうかな。よくないよね」とだけ、言っておきました。連絡帳にもそのように書きました。

　このような対応でよかったと思います。その後学校の先生からの対応がないということで、もしかすると先生の方がうまく受けとめられないでいるかもしれず、少し心配ですね。

　しばらくは、様子をみていればよいのではと思います。子どもさん自身が、彼女との関係も含めて、学校の教師の対応もですが、うまく受けとめられない状況になった時には、いろいろな反応や変化があると思います。

　こうしたことが起こったら、またご相談ください。ここまでの山本さんの対応には、問題はないと思いますよ。あえて書けば、「学校でするのはどうかな？　どう思う？」と、良い悪いを彼がどのように考えているか、先に聞いてみて、いっしょに考えることができれば、もっとよかったですね。次の時は、子どもの意見を聞いた後で、親の考えを話すようにすると、子どもからの信頼感がより増すと思いますよ。

📧 木全先生へ

　お忙しいのに、返事をいただけてうれしいです。私としては、これからのことが気がかりでしょうがなかったのですが、静観していればいいですね。学校では、先生方もこれまで二人をあたたかく見守っている……という感じでしたが、ちょっと幼い扱いだったかなと感じます。その後も、特別な変化はないようです。

　昨日の遠足も楽しく行って来れたようですし。でも、プール指導の班分けで別々のグループにされたと息子はぼやいていました。

　「学校でキスをすること」が良いか悪いかという議論は、相談の課題ではありませんね。山本さんは、よく学習されていて、子どもの立場からも考えることができるお母さんでした。では、先生からの連絡帳を読んで、どうしたらよいのかわからず混乱されたり、子ども叱ってしまう方からの相談であったら、どう応答したらよいのでしょうか。

　次回は、このような「相談」について考えてみましょう。

Case 2

実習先で先輩の女の子に いきなり抱きつかれて

高等部3年生、中度の知的しょうがいと自閉性しょうがいのある男の子のお母さんからの相談

　今回は、息子さんが、異性から好かれたり、性に目覚めたりすることをなかなか肯定的に受けとめることがむずかしいお母さんからの相談です。

✉ 木全先生へ

　先日、開催されたPTA講座「〈しょうがい〉のある子どもの性と生を豊かに育むために」に参加させていただきました。子どもは、学という名前で、現在18歳の高等部3年生の男子です。中度の知的しょうがいと中程度の自閉性しょうがいがあります。この夏休みに実習で、近くの授産施設に行く予定です。この授産施設には、1年先輩に軽度の知的しょうがいのある浩子さんがいます。

　浩子さんは、高等部在学中から息子に関心があって、バレンタインの時には、自分で作ったチョコレートを渡してくるなど積極的でした。息子の方は、全く関心がありませんでした。この時は、親の私がお返しを買って渡していました。浩子さんは理由があって父子家庭です。このことで話し合いをしたかったのですが、できないま

まになっています。

　7月初旬、学の実習の事前訪問をした時の出来事です。朝、息子と作業室であいさつをしていると、浩子さんがやってきて、「学は私の彼氏だよ」と職員たちや仲間たちに大きな声で宣言をしてしまいました。そして、「学くん好き_」と言いながら、息子に抱きついてきました。息子の方は、訳がわからずされるがままでした。嫌とも言えず、きょとんとしていました。

　幸い近くにいた職員が、浩子さんを叱り、引き離してくれました。浩子さんは、泣きわめきながら別の部屋に連れていかれました。

　職員さんは、「実習に来ても、作業班は浩子さんとは別の班にするから大丈夫」と言ってくれますが、母親としては心配です。昼食は食堂でいつも一緒です。行き帰りも私が送り迎えをする予定ですが、何かの時に浩子さんが息子に声をかけてくることもあると思います。

　先生は、講演の中で、恋をする気もちはとても大切で、すてきなことというお話をされました。性的なふれあいは、しょうがいがあっても本人同士の合意があれば、尊重されるべきであるとも。

　この時は、自分の息子は重いしょうがいがあるので、自分には関係がないと思っていました。また、息子はまだ高校生ですし、大人になっても性的な接触は避けてほしいと願っています。まだ性器いじりもないですし、先生が強調された自慰もしている気配もありません。

　私としては、浩子さんのアプローチで、性に目覚めるようなことがあってほしくないです。安心して実習に出すこともできません。

家の近くの作業所です。高等部卒業後は、ここの作業所に行かせたいと考えています。でも、浩子さんがいると、夏休みの実習すら行かせる気にはなれません。しかしながら、近くにはこの作業所にかわるようなところもないのです。

学校の先生は、仕方がないという応答で真剣に相談にのっていただけません。作業所の対応も、班をいっしょにしないという程度のものです。浩子さんの父親は、電話で話をしても、娘のことだからと、受けとめようとしてくれません。

こんな場合は、どのようにすればよいのでしょうか？

このメールを受けて

ある特別支援学校でお話をした後に届いたメールでした。直接の面接ですと、あれこれ質問もできますし、やりとりの中で、お母さんの表情や反応なども読み取ることができます。でも、メールですとこうしたことができません。

お母さんの不安な気もちを共感的に受けとめながら、でも学くんのいまとこれからのことを考えながら、そして浩子さんのおもいにも寄り添いつつ、お母さんにどのような返事を書いたらよいのか。2、3日、悩みながら一度書いたものをそのまま寝かせておきました。ほんとうはかなり長い返事を書いて送りましたが、紙幅の関係で以下要点のみを書いておきます。

✉️ 安藤さま

　メールありがとうございました。

　息子さんの学くんのことを考えると、浩子さんの思いがけない行動は、お母さんには、とても心配だったことと思います。実習の目的は、卒業後の進路を確保するためですね。このためにも学くんにはしっかりと実習をしてもらい、職員から卒業後に作業所に来てよいという内諾を得たいわけですから、こんなことで進路がつまずいてしまうと思うと、不安になる気もちも出てくると思います。

　こんな時にもまずは、学くんの気もちを少し想像してみましょう。お母さんは、しょうがいがある子どもの母親として、心配や不安はあると思います。でも、学くんの人生は学くんのものです。学くんにとってのしあわせは、学くんが決めることです。親としてのしあわせをねがうことは大切ですが、しあわせの中味を押しつけることはできません。

　こんなふうに考えると、他者からのアプローチがあるということは、人生にとって貴重な経験になるのではないでしょうか。

　学くん本人がどのように受けとめようとしているのか。そこのところを大切にしながら、対応を考えてみてはいかがでしょうか。

　この時は、このような返事を書きました。でも、お母さんからは、返事がありませんでした。納得しきれない内容だったかもしれません。メールの相談は、こうしたところがほんとうにむずかしいですね。

初潮後半年ほど
月経がないのですが

中学 2 年生、中度の知的しょうがいと自閉性しょうがいのある女の子を担当する放課後等デイサービスの職員からの相談

　メールでの相談ケースの 3 回目です。今回は、ホームヘルプなどの居宅事業と放課後等デイサービス事業をしている卒業生の山田さんからの相談です。

✉ 木全先生へ

　明けない梅雨のおかげで土砂降りの中かけまわってま〜す。一つ教えていただきたいのですが、以前来ていただいた時の講演会、確か 2 回目の女の子編の時だったと思いますが、しょうがいのある方も診察してくれる産婦人科の女医さんが名古屋にもいるとお話しされていたように記憶しているのですが、ご紹介いただけないでしょうか？

　実は、私の担当の中学 2 年生の女の子のことです。中度の知的しょうがいと少し強い自閉性しょうがいがあります。初潮は、半年程前にありました。しかしながらその後月経がない状態が続いています。

　お母さんから、ちっとも次の月経が来ないので、心配だという相談を受けました。どうしていいのやらという感じです。本人は、月

経のこともよくわかっていないようです。来ないことについては、まったく意識がないようです。 また、自慰なのか毎日入浴時に秘部にシャワーを当てていたりします。

　月経が来ない原因かなとも思い心配です。

✉ 山田さん

　メールを読みました。

　しょうがいのある思春期の子どもが専門である産婦人科の医師というのは、残念ながら開業医では、わたしの近辺にはいません。

　けれども、理解がある女性の産婦人科医が、山田さんが住んでおられる地域に一人おられます。女性の立場で相談や診察ができる方です。"人間と性"教育研究協議会の会員で、性教育にも熱心です。連絡先をお伝えします。わたしからの紹介ということでかまいません。

　詳しくは産婦人科の先生がお話ししてくださると思います。少し気になったところがあったので、書いておきます。「自慰なのか毎日入浴時に秘部にシャワーを当てていたりします。月経が来ない原因かなとも思い心配です」のところです。

　自慰が原因で、初経後、しばらく月経が来ないということはないと思います。中学生の場合は、初経後の月経周期は、不安定なケースはままあることと聞いています。まだまだからだの方が未成熟であるからでしょう。また、知的しょうがいや自閉性しょうがいそのものと、月経不順などは、直接は関係がないと言われています。

　ただ、自閉性しょうがいの場合、思春期のからだの変化を受けと

めることに大きな戸惑いがあることがあります。受けとめることに大きな課題があると、精神的な重圧で、初経そのものが来ないでほしいという強い緊張が、からだの成熟を押さえているようなことはあるかもしれません。本人の内面の受けとめは想像にすぎませんが。

　もしかするとホルモンの分泌機能などの医学的な問題が見つかるかもしれませんので、まずは医師の診察をおすすめします。

　自閉性しょうがいの方は、歯医者などが苦手です。事前にお母さんと相談しながら、山田さんも付き添いつつ、本人が安心して診察ができるような配慮も必要ですね。

　学習会で紹介した『性・say・生』（全国手をつなぐ育成会）や『ピリオド・ノート』（大井清吉、井上美園）をまずはお母さんと読みなおすことからはじめてはいかがでしょうか？

　本人にわかるように模型なども使いながら、もう一度、月経のしくみを伝えましょう。心配ないことと、ナプキンの使い方も含めて、手当の仕方を何度でも練習することも大切です。

　シャワーの自慰は、おおらかに見守りましょう。自慰で得られる性的な快感も大切にしてあげてほしいですね。その上で見通しをもってからだの変化を受けとめる学習が何よりも大切なように思います。こうしたちからは、自己肯定感につながります。さらには、他の環境の大きな変化と向き合っていける自己コントロールをするちからにも結びついていきますから。お忙しいでしょうが、時間をとって母親といっしょに学びながら、本人への取り組みを進めていってください。

Part1　相談支援事例編

　しょうがいのある人たちに理解を示しながら、女性の性の健康を守る立場で診断や相談をしていただける産婦人科医の存在は、とても貴重です。こうしたお医者さんもはじめからしょうがいのある人たちを理解しているわけではありません。診断と治療を積み重ねながら、理解を技術を深めていきます。わたしたちの側が、理解のある産婦人科医を育てていくと思います。

✉ 木全先生へ

　ありがとうございます。お忙しいのにすぐにお返事いただいて恐縮です。お母さんに伝えますね。

　そして、お母さんと相談しながら、本人の支援に取り組んでいきたいと思います。

　女性特有の問題はたくさんあると思うので今のうちから、かかりつけをつくり、慣れておけるといいと思います。がんばりま〜す。

　実は、わたしのゼミ生です。学生時代に、もっと〈しょうがい〉と〈セクシュアリティ〉について学んでおけばと、本人は言っていました。わたしも、もっと伝え、学び合っておけばと、このやりとりを思い出すたびに、思います。

参考文献
『性・say・生　自立生活ハンドブック16』　全国手をつなぐ育成会、2016
『ピリオド・ノート』大井清吉、井上美園著、大揚社、1988

Case 4
自慰をどのように教えたらよいのでしょうか?

小学校6年生、中度の知的しょうがいと自閉性しょうがいのある男の子のお母さんからの相談

　メールでの相談ケースの4回目です。今回も、お母さんからの相談です。

✉ **木全先生へ**

　弘という小6の男の子の母親です。中度の知的しょうがいと自閉性しょうがいがあります。

　息子も6年生になり、ますますからだが大きくなると同時に、性器への興味も出てきました。性毛も生えてきています。朝起きると、大きくなっている性器をなんとかしようと必死で隠したり、押さえ込んだりしています。気になり始めると止められなくなり、登校時まで続いてしまいます。繰り返し、注意するしかないのでしょうか?

　また、一人でお風呂に入ると、湯船の中で、ずっと性器をおもちゃのようにいじって遊んで、なかなか出られないのも気になっています。

　親として、今後どのようなタイミングで、どのように自慰について、教えていけばよいのでしょうか? また、子どもにわかりやすく教

える方法があるのでしょうか？　関連して、父親に、息子の性教育にうまく関わらせるにはどうしたらよいのでしょうか？　よろしくお願いします。

✉ 田中さんへ

　メールを読みました。思春期に入ると、からだとともにペニスも大きくなります。朝、レム睡眠（浅い夢を見ている睡眠）の時に勃起するとが知られています。若者たちは、「朝立ち」なんていっています。これまでも同じように勃起していたと思うですが、ペニスが成長と共に大きくなってきているので、余計に気になってしまうのでしょう。

　弘くんのような自閉性しょうがいのある人たちは、変化に対して受けとめがむずかしいという特性があります。自分のからだの一部であっても、自分の思うようにならずに、変化してしまうペニスは、どのようにつきあっていくか、折り合いがつけにくいしろものになっているようですね。

　おしっこをしてしまうと、勃起がおさまります。ただ、強く勃起したままですと、おしっこをすることがむずかしいので、少しおさまった時におしっこをするという感覚を自分でつかむことが、うまくおさめるコツになります。

　本人も朝起きて、ほんとうはまずはおしっこがしたいと思うので、排尿のうながしの声かけが効果的かと思います。親の方が、こだわって注意をしてしまうと、弘くんの方がこうした注意にこだわってし

まいます。自分で何とかしようと触り続けると、ペニスへの刺激も続くので、いつまでたっても、勃起がおさまらない状態が続いてしまいます。これでは事態がかえっておさまらなくなってしまいます。

　自慰をいつ、どのように教えることが必要かという質問は、答え方がとてもむずかしいです。弘くんには、性毛が生えてきているなど、二次性徴がみられはじめています。

　夢精などパンツに精通のしるしが出てきているでしょうか。もしかすると、長くお風呂に入って性器を触っているので、もう射精を経験しているかもしれませんね。本人も気にして、お湯で洗って、流している青年たちもいますので。

　中度という3歳から5歳程度の認識のちからがあるので、お父さんといっしょに絵本『おちんちんの話』（やまもとなおひで）を読んでみるということも、試してみてはいかがでしょうか。また、育成会から出ている『性・say・生』（全国手をつなぐ育成会）には、イラストで自慰の方法が描かれています。まずは、弘くんのお父さんにも、こうした絵本や本を読んでもらうことからはじめてはいかがでしょうか。

　父親の中には、「こうしたことは自然に覚えるものだ」と言われる方もいます。でも、知的な発達の遅れという〈しょうがい〉があるので、自慰の方法を自然に習得することがむずかしい子どももいます。こうした子どもには、イラスト、模型、映像などを使って、射精に至るまでの方法をわかりやすく教えてあげる必要があります。

　この時には、おとなの男の人になっていくことへの肯定的な気も

ち、自慰は自然で正常な行為であること、自分の部屋やお風呂など ですること、人前ではしないこと、後始末の仕方を教えること、自 慰の時にエッチな本を使うのであれば、秘密の場所にしまっておく こと、時にこうした本やビデオは作り物であり、女の人はこうした 行為ではよろこばないことも、だんだん教えておく必要があるでしょ う。

　思春期に入るとお父さんと一対一では、子どもも反発してむずか しいこともあります。でも、他の男の人が話をすると、うまく受け 入れることができるというのも、この時期の特徴です。お父さん仲 間、学校の教員など、信頼できる支援者の力をかりるということも、 必要です。くれぐれもお母さんが直接教えるようなことはしない方 がよいですよ。

✉ 木全先生へ

　お返事ありがとうございました。女性の私には、感覚的にはなか なか理解しにくい問題です。夫ともよく話し合わないと、簡単には 解決できないことも、少しわかってきました。また、相談させてく ださい。

参考文献
『おちんちんの話』やまもとなおひで著、ありたのぶや・イラスト、子どもの未来社、 2000
『性・say・生　自立生活ハンドブック16』　全国手をつなぐ育成会、2016

Case 5

声をかけられた男の人について行ってしまったのですが　その1

中学校1年生、中度の知的しょうがいの女の子、放課後等デイサービスの職員からの相談

　メールでの相談ケースの5回目です。今回は、放課後等デイサービスの職員からの相談です。

✉ 木全先生へ

　友子さんという中1の女の子の相談です。中度の知的しょうがいがあります。地元の中学校の支援学級に通っています。とても人なつこいお子さんです。

　友子さんのお母さんは、友子さんが4歳の時に父親とは離婚されています。お母さんは、パート勤めをしながら、友子さんを育ててきました。

　友子さんは、誰彼となく「こんにちは」とあいさつをします。放課後等デイサービスの庭で遊んでいて、道の前を通る人には、自分の遊びを止めてまでして、「こんにちは」を繰り返します。また、男性の学生ボランティアさんが大好きで、彼が来ると、抱きつきながら、「彼女いる」「友子のこと好き」「どこに住んでいるの」と尋ねまくります。

Part1　相談支援事例編

　また、迎えに来た友だちのお父さんを見つけると、同じようにしつこく質問を繰り返します。

　この友子さん。ある時、道行く人に声をかけました。そして、その人に「おじさんと遊びに行こう」と誘われて、ついて行ってしまいました。

　いないことに気づいた私たちは、大慌て。警察にも電話をして、お母さんにも来ていただき、探し回ることになりました。

　幸い近所の大きなスーパーでアイスクリームを食べているところを見つけることができました。誘った男の人は、特定できないままでした。

　本人に話を聞いても、叱られると思ってか、要領を得ないままです。

　これまでは、ボランティアの学生さんとのハグも、彼女なりのコミュニケーションとおおらかに見守ってきました。繰り返す「こんにちは」もあまり面倒がらずに付き合ってきました。

　しかしながら、このようなことがあると心配になってきました。お母さんも同様です。もうすぐ初経を迎えるような体つきになり、性犯罪の被害者になることも危惧されます。

　彼女に何をどのように教えていったらよいのでしょうか？

✉ 岡本さんへ

　随分心配もされたことと思います。友子さんが性的な被害を受けることなく見つかって、ほんとうによかったですね。

027

現実の日本社会は、性的な加害を行う人たちもいるわけで、人を信じることと同時に被害に遭わないようにすることを教えなければならないむずかしさは、わたしも痛感しています。

　これから社会的な自立に向けて、友子さんの世界も広がっていきます。いつまでもお母さんといっしょにという生活でもなくなってきます。このように世界が広がって行く時、否が応でも他者たちとの出会いが多くなっていきます。この他者たちのなかには、友子さんをほんとうに大切にして慈しむ人たちもいれば、性的な対象としてまなざし、行動する人も出てきます。加害者になるとは考えたくない教師が起こすことだって時にあるのです。

　いつでもどこでも付き添うこと、監視をすること、閉じ込めておくことはわたしたちにはできません。わたしたちにできることは、友子さん自身に、被害者になりにくい「ちから」をつけていくことだと思うのです。どうしたらこうした「ちから」をつけることができるのかを考えたいと思うのです。

　もちろん友子さんを支える大人たちが、いまの友子さんの「ちから」の不十分さに配慮をすることは必要ですが。

　「知らない人について行ってはいけない」と叱るだけでは、本人にはよくわからないでしょう。いつも乗るスクールバスの運転手さんは、彼女には「知っている人」に入っているかもしれません。隣のお兄さんもおそらく「知っている人」でしょう。

　今回アイスクリームを買ってもらったおじさんは、もう「知っている人」になっているので、今度誘われれば、またついて行く可能

性が高いと思います。「あのおじさんにはついて行ってはダメ」と叱ることもできますが、「どうして」と尋ねられると、返事に困ってしまいます。

　わたしの地元の愛知では、マカトン法という絵文字を使った暴力予防教育のプログラムが行われています。『わたしはだいじ』というタイトルの冊子です。詳しくは、次回にお知らせしますね。

✉ 木全先生へ

　お返事ありがとうございました。すぐに何とかできるような解決の方法はないのですね。友子さんのような子どもたちへの性被害を防ぐことのむずかしさは理解できました。

　本人に人としての肯定的な感情を学び合いと育み合いのなかで培っていくことの大切さはよくわかるのですが。しばらくは気もちの受けとめと、心配なので監視との葛藤が続きそうです。

　また、メールを送ります。

Case 6

声をかけられた男の人について行ってしまったのですが その2

中学校1年生、中度の知的しょうがいの女の子、放課後等デイサービスの職員からの相談

　親しく声をかけられると、ついて行ってしまう中1の友子さんが通う放課後等デイサービスの職員の岡本さんからの相談を紹介しました。

　「もうすぐ初経を迎えるような体つきになり、性犯罪の被害者になることも危惧されます。彼女に何をどのように教えていったらよいのでしょうか?」という問いは、とても重たい内容でした。

　知的な発達に遅れのある人たちが、欺されず、被害に遭わずに安心して生活する権利が保障されえていない現実の社会との落差が、わたしたちに無力感をもたらします。

　このような厳しい条件の中でも、こうした子どもたちに、いやなふれあいには「ノー」といえるちからをつけていこうと地道な活動を続けている人権ワークショップグループあるふぁというグループが名古屋にあります。小児科医の江崎路子さんを中心に"子どもの広場"という療育活動も行っています。今回は、返事の続きということで、絵文字（シンボル）を使った暴力予防教育を紹介しましょう。

✉ 岡本さんへ

　うっとうしい梅雨空が続きます。友子さんも岡本さんも、お元気でお過ごしでしょうか。

前回お約束した『わたしはだいじ』というプログラムの内容をお知らせします。
　このプログラムは、森田ゆりさんが日本に紹介されたCAP（Child Assault Prevention＝子どもへの暴力防止プログラム）を絵文字（シンボル）を使って、知的に発達の遅れのある子どもたち、青年たちにも理解できるように改良したものです。
　これが表紙の絵です。すべての子どもたちには、「あんしん」して「じしん」をもって「じゆう」に生きる「けんり」があることを学びます。
　このような「けんり」が守られない、いじめにあった、いやなさわられかたをした時などに、「いやという」「にげる」「だれかにはなす」という方法を、ロールプレイを通して、具体的に実際に学びます。
　このようにして「わたしのからだはわたしのもの」「あなたのからだはあなたのもの」「なかよくするのはいいきもち」「わたしはだいじ」

「あなたはだいじ」「わたしたちにはじぶんのけんりをまもるちからがある！」ということを繰り返し伝えていきます。

　そして、子どもたちの回復するちからを信じて、もしも怖い目にあったことを話してくれた時には、「叱らずに」「話してくれてありがとう」「あなたを信じるよ」「あなたが悪いのではない」ということを何度も伝えます。

　わたしが知的しょうがいのある子どもたちの施設で働いていた15年ほど前に、江崎さんと知り合い、施設でも、何度も子どもたちにワークショップを行っていただきました。

　わたし自身も、同じ頃名古屋市で開催された森田ゆりさんのスペシャリスト養成講座に通った思い出があります。

　通常の子ども向けプログラムと異なり、絵文字を使ったCAPアルファのワークショップは、ことばのあまりない重い知的発達の遅れがある子どもたちも、よく集中して参加していました。軽度の子どもたちにも、わかりやすかったと思います。

　これまで「ダメ！　ダメ！」と否定的なことばがけが多かった施設の職員たちも、「このようなことばがけでは、子どもたちが被害にあった時に『いや』と言えるちからがついていかないね」などと、話し合いもしました。

　キリン財団からの助成金を得て、①「みんな違ってみんないい」②「人と人との心地よい距離感〜サークルズ」③「障がいのある子ども達への暴力予防人権教育（CAP）」④「〈しょうがい〉のあるこども・おとなへの性教育」⑤「しょうがいをもつひとのぎゃくたい

ぼうしわーくしょっぷ」⑥「ピープルファースト運動〜世界の動き
とこれからの日本」の6回シリーズでワークショップを行います。

　よろしければ、ご参加ください。4回目は、わたしもお話をします
ので、またお目にかかれて、お話ができるとうれしいです。

　これから暑い夏がやってきます。友子さんともども、健康に留意
され、ご自愛ください。

参考
　CAP（キャップ）とは、Child Assault Prevention　子どもへの暴力防止の頭文字
をとってそう呼んでいます。子どもがいじめ・虐待・体罰・誘拐・痴漢・性暴力などさ
まざまな暴力から自分の心とからだを守る暴力防止のための予防教育プログラムです。
　CAPプログラムは子どもの発達段階や環境・ニーズ等により、5種類が準備されてい
ます。プログラムは、ワークショップ（参加型学習）形式をとっています。特に子ども
ワークショップは、知識を中心に教え込む従来の学習形態と異なり、どの発達段階に
おいても参加者である子どもが主体となり、ロールプレイ（役割劇）を通して、楽しみ
ながら自ら考え、話し合い、ロールプレイに友だちを助ける役割で参加するという形で
進んでいきます。
　発達段階に応じた①3〜8歳 CAP就学前プログラム、②9〜13歳 CAP小学生プログ
ラム、③13〜15歳 中学生暴力防止プログラム、④障がいのある子どもたちへのプログ
ラム、⑤社会的養護のもとに暮らす子どもへのCAPプログラムがあります。
　詳しくは、HP（http://cap-j.net/）にアクセスしてください。

Case 7

幼児に性的な加害を
してしまいました

定時制高校1年生の男の子のお母さんからの相談

　今回は、性暴力の加害者になってしまった子どものお母さんからの
相談の事例について、書いていくことにします。
　ある弁護士さんを通しての相談です。

　定時制高校1年生の男の子です。幼児に性的な被害を与えたとい
うことで、いま少年鑑別所にいます。この弁護士さんが、この少年
の審判の付添人をしています。少年のお母さんの相談にのってほし
いということで、お話をお聴きすることになりました。
　仮に孝志くんという名前にします。弁護士さんの話ですと、鑑別
所の心理判定の結果では、軽い知的発達の遅れと発達しょうがいが
重なっているようです。実は、中学校2年生の時、小学校6年生の
女の子のからだを触って、一度、警察に補導されたことがあったよ
うです。この時は、初犯ということと、また、孝志くんの両親も相
手への謝罪をきちんとしたということもあって、そのまま中学生活
を続けることができました。今回は、幼児ということもあり、鑑別
所への送致となりました。弁護士さんの話では、少年審判の結果、

034

Part1 相談支援事例編

医療少年院に送られることになりそうだとのことです。

　お母さんにお会いしました。少しやつれておいででした。
　お母さんの主な相談は、少年院を出てきたら、二度とこのような
ことを起こさないために、孝志くんのために何をしたらよいのかと
いうことでした。
　お母さんとお話をしていて、印象に残ったエピソードがあります。
　一つは、中学時代、孝志くんは、友だちができずに、よくいじめ
にあっていたことです。また、アニメが大好きで、特に美少女系の
ものに惹かれていたようで、フィギアを買ってくれとよくせがまれ
ていました。
　中学校2年生の事件のあと、児童相談所の心理判定で、知的しょ
うがいと発達しょうがいの判定も出されました。孝志くんが安心し
て学べ、居場所もできる特別支援学級の利用を勧められました。両
親も、このままでは孝志くんが、安心できる学校生活を送れないと
考え、孝志くんにも特別支援学級を勧めました。でも、孝志くんは、
「あそこは『ばかな子ども』の行く学級。ぼくはあいつらとはちがう」
と言って、頑として受け入れてくれなかったと、お話しされました。
　結果的に中3まで普通学級に通いました。友人がいないので、男
子学生の家庭教師をつけました。簡単な計算や漢字はできたので、
定時制に入学することができたのです。
　4月の途中までは定時制高校に通っていたのですが、何があった
のか、行けなくなりました。家でパソコンばかりするようになりま

した。時々、出かけるようですが、どこに行っているのかも言わなくなりました。心配していた矢先、二度目の性犯罪をしてしまったとのことです。

　お話を伺ったあとで、お母さんにも、同じような子どもをもつ家族の集まりに参加をされて、自分の気もちや悩みを話す場が必要であると思うので、このような非行少年をもつ親たちの自助グループを紹介しました。このことは、弁護士さんとも事前に打ち合わせていたアドバイスです。

　発達しょうがいのある子どもたちの親の会への紹介も考えたのですが、まずは、非行問題のことを優先することが大切だと判断しました。

　次に、1冊の本を紹介しました。

　『回復への道のり　親ガイド──性問題行動のある子どもをもつ親のために』（ティモシー・J・カーン）です。

　この本は、サブタイトルにもあるように、性問題行動のある子どもをもつ親向けのテキストです。

　最初のステップには、「子どもがどのような性行動を打ち明けたとしても、彼あるいは彼女を愛し続けることには変わりがないことを再保証してください。これは子どもの恥や当惑、恐れの感情を和らげるのに、とても重要です」と、書かれています。

　他にも「お子さんが性問題行動のあることを認めたなら、よく話してくれたね、とほめてあげてください」「それがどのようなもので

あっても、とにかく事実をすべて話すことが大切であると、あなたの子どもに強調しなさい」「あなたの子どもと家族を支援してくれる専門家を早急に見つけなさい」「あなた自身のための支援ネットワークを作りなさい」「親しい友人、親戚などに話しなさい」「起きたことに対するあなたの情緒的反応に対処するために、専門家であるカウンセラーに会いなさい」などのアドバイスが並んでいます。

　こうしたことをお話ししながら、孝志くんが少年院を出てきてからの支援ネットワークを、まだ少年院にいる時に、弁護士さんの協力も得ながら、地域につくっていきましょうと、お話を結びました。

参考文献
『回復への道のり　親ガイド──性問題行動のある子どもをもつ親のために』ティモシー・J・カーン著、藤岡淳子監訳、誠信書房、2009

Case 8

近所の小学生のズボンを下ろして、性器に触ってしまいました

19歳、無職、中度の知的しょうがいのある少年のお父さんからの相談

　この事例も、ある弁護士さんを通しての相談です。

　道夫くんは無職の19歳の少年です。中度の知的しょうがいがあります。知的なレベルは5歳くらいとのことです。ある日、近所の小学校4年生の男の子のズボンを下ろして、彼の性器を触ってしまいました。

　この男の子とは、ご近所つきあいがありました。近くの公園で遊ぼうと誘われ、男の子の方も、道夫くんを知っていることもあって、ついて行きました。公園のトイレの後ろで被害に遭いました。自宅に帰り、母親に話をして、母親から道夫くんの自宅に電話がありました。

　道夫くんの父親から、どう対応したらよいのかと、弁護士さんに相談があり、その弁護士さんからわたしに電話がありました。

　少年事件として被害者の母親が警察に通報する前に、被害者に誠意を示して、示談で解決したいとのことでした。

　道夫くんは、養護学校高等部を卒業後、地元のメッキ工場になんとか一般就労することができました。けれども、半年あまりで通え

なくなりました。その後、時々散歩や買い物に外に出るといった他は、自宅にこもりゲームに夢中になっていました。

すでに道夫くんの両親と弁護士さんは、被害者宅にお詫びに行っています。弁護士さんには、まずは被害者の少年に、心理療法を受けさせることが大切だと、お話ししました。そして、地元の精神科クリニックの臨床心理士を紹介しました。道夫くんのご両親は、誠意をもってお詫びをすることを約束して、治療費や慰謝料をお支払いすることで、少年事件として警察に訴えることなく、示談で解決することができました。

残された課題は、道夫くんの今後のことです。わたしは、以前お会いしたことがあったこの地域の生活支援センターの相談員に、道夫くんのケースを引く継ぐことにしました。

わたしも忙しいので、弁護士さんには、3回だけいっしょに付き合うので、あとはよろしくお願いしますということで、次のように動きました。

はじめに道夫くんのご両親とそれから道夫くんに会いました。このご両親にも、『回復への道のり　親ガイド──性問題行動のある子どもをもつ親のために』（ティモシー・J・カーン）を紹介しました。

最初のステップ「子どもがどのような性行動を打ち明けたとしても、彼あるいは彼女を愛し続けることには変わりがないことを再保証してください。これは子どもの恥や当惑、恐れの感情を和らげるのに、とても重要です」を強調しました。

次に、道夫くんとも少しお話をしました。弁護士さんとも、少し
ずつですが信頼関係もできており、わたしたちに「以前、公園でぶ
らぶらしていたら、知らないお兄さんに誘われて、その人のちんち
んを触らされた」というようなことを話してくれました。道夫くんは、
自分のされたことの意味がよくわからず、近所の小学校4年生の男
の子に、同じようなことをしてしまったようです。

　道夫くんのような軽度の知的しょうがいの青年が性的な被害に遭
い、それを子どもに繰り返してしまうというケースは、わたしには、
これで3件目のケースでした。

　道夫くんには、「被害を受けたことをお話ししてくれてありがとう」
「つらいおもいをしたね」と受けとめました。その後で、同じよう
なことを男の子にしてしまったことについて、弁護士さんとともに、
ふりかえりをしました。

　最後は、地域の生活支援センターの相談員への引き継ぎです。弁
護士さん、道夫くんの両親とともに、相談員の堀田さんとお会いし
ました。

　弁護士さんの方からおおまかな状況を説明した後で、道夫くんへ
の支援について検討しました。今後の支援で課題になったのは、ま
ずは、道夫くんの日中活動をどのように充実させていくのか。そし
て、日中活動の充実の他にも、余暇の支援、特に友人づくり、それ
から二度と同じような事件を起こさないための学習支援も課題とな
りました。

　このような事件を起こしたことも含めて受けとめてもらえる日中

活動を行っている就労支援の事業所探しから、堀田さんがはじめるということになりました。もちろん、堀田さんがまずは道夫くんに会って、堀田さんの相談支援の仕事の説明をすることからのスタートです。いっしょにこれからのことを考えて、応援していきたいというおもいを伝えていきます。

　道夫くんには、一般就労をしていくちからも十分にあると思います。でも、自信をもってもう一度、一般就労に取り組むためにも、就労継続支援や就労移行支援をしている事業所に通うことが大切ということになったのです。こうして本人の回復を信じての第一歩がはじまりました。

参考文献
『回復への道のり　親ガイド──性問題行動のある子どもをもつ親のために』ティモシー・J・カーン著、藤岡淳子監訳、誠信書房、2009

Case

9

コンビニで
女子高校生に急に近づいて

26歳、中度知的しょうがいの青年、サービス提供責任者からの相談

　事件にはならなかったけれども、外出支援時のヘルパーの行動について、サービス提供責任者から受けた少し悲しい相談について書いてみます。

　ある地方都市のケアホームに暮らす達也さんは、26歳。中度の知的しょうがいがあります。日中は、生活介護事業で働いています。ヘルパーとの外出は、月に一度、達也さん自身もとても楽しみにしています。

　ある日曜日の夕方、ヘルパーさんと余暇支援を楽しんだはずの達也さんが、汚れた服と少し腫れた顔で戻ってきました。付き添ったヘルパーの加藤さんの表情も曇っています。加藤さんは、大学3年生の学生ヘルパーです。

　ホームの世話人の田中さんが、達也さんとヘルパーの加藤さんに、事情を尋ねました。ヘルパーの加藤さんからの話は、こうでした。

　いつものようにコンビニに寄ると、駐車場に、三人の女子高校生たちがお菓子を食べながら話をしていました。達也さんは、一人の

042

女子高生に興味をもって、急に近づいていきました。女子高生から悲鳴が上がりました。焦ったヘルパーの加藤さんは、達也さんを引き離します。急に引き離された達也さんが、少し興奮したこともあって、加藤さんは、自分の足を達也さんの足に掛けて、柔道の技の要領で、押し倒してしまいました。そして、達也さんに馬乗りになりました。

　悲鳴を上げた女子高生たちやコンビニの店員さんが見ていることもありました。二度とこのようなことを達也さんにさせないようにしないといけない、このことを達也さんにきつく伝えなければならない、と判断した加藤さんは、自分自身も興奮しながら、達也さんの顔を平手で叩いてしまいました。この時には、「いきなり女性に近づくことはダメ。近づくとこうなるよ」と、達也さんに言いながら、叩いたとのことでした。

　女子高生たちにこの場を離れてもらったこともあって、少しずつ達也さんも落ち着き、というよりも、シュンとしていたようですが、買い物できずに、ホームに戻ってきました。

　ここまでの話は、世話人の田中さんが、二人が帰ってきた時に、慌てて加藤さんの所属するヘルパー事業所のサービス提供責任者の木村さんを呼んで、木村さんがヘルパーの加藤さんに聴き取った内容の概略です。

　世話人の田中さんが、達也さんを着替えさせ、顔の治療しながら、達也さんに話を聞いたところ、たどたどしい応答でしたが、ヘルパーの加藤さんの話には、間違いないようです。

後日、達也さんが暮らすホームの世話人の田中さんとサービス提供責任者の木村さんから、相談があるということで、お会いしました。

　主な相談は、事件をきっかけに元気がなくなってしまった達也さんへの支援と、よかれと思って、やりすぎてしまったヘルパーの加藤さんへの支援についてでした。

　世話人の田中さんは、じっくりと達也さんの気もちを聞くことができるとよいことをまずはアドバイスしました。

　達也さんが、どんな気もちで女子高生に近づいていったのかを共感的に理解することなく、急に近づくことは「ダメ」を教えることはむずかしいと思います。人に関わりたい、近づきたいという気もちは、大切な気もちです。この気もちを支援者が受けとめることなく、人との適切な距離の取り方や話しかけ方の方法だけを教えようとしても、達也さんがうまく受けとめきれないと思います。人との適切な関わり方の社会的なスキルは、本人の希望と必要があって、はじめて身につけようと思い、この思いがあって、はじめて身につくものでしょう。かたちだけ練習しても、身につくことはないものです。

　ヘルパーの加藤さんへの支援についても同様です。木村さんには、加藤さんの行動を批判するのではなく、この出来事をいっしょにふりかえりながら、達也さんの立場になりつつ、その場では、どのような支援が適切だったのかをていねいに話し合うようにと、アドバ

イスをしました。

　できれば、職場でロールプレイをしながら、押し倒し、叩かなくても、達也さんの行動がエスカレートしない関わり方について、具体的な方法を達也さんを支援するヘルパーたちみんなで考え、学び合える場をつくることを提案しました。

　実は、こうした場面は、外出支援や余暇支援の機会が増えてきた現在、あちこちで起きています。止めるために押し倒し、叩くまではいかなくても、「あっち見てはダメ」ときつく言う、無理やりひっぱる、きつくつねるなどは、ままあることと聞きます。

　ちからづくではない、本人が納得できるような支援方法については、本人中心の理解と具体的な技術を現場で実践を積み重ねつつ、身につけていくものでしょう。残念ながら、こうした研修の機会は事業者に任され、ヘルパーの時給には含まれていないのです。

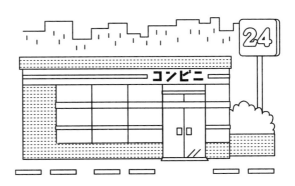

Case 10
いつまでいっしょに お風呂に入るの？

高等部2年生、重度の知的しょうがいと自閉性しょうがいがある男の子のお父さんからの相談

　久しぶりにメール相談のやりとりを。珍しくお父さんからのメールです。

✉ 木全先生へ

　先日は、私の子どもの通うPTAの講演会においでいただき、ありがとうございました。

　高等部2年生の息子のことで相談です。息子は、重い知的しょうがいと自閉性しょうがいがあります。発達的には2歳ぐらいだと言われています。

　講演の中で先生は、どんなに重い機能しょうがいがあっても、「おとな」になっていくし、「おとな」になるように、周囲がそのように扱い、受けとめ、支援をしていく必要性を強調され、これまで自分の子どもを「子ども」扱いしてきたことを反省もしました。

　実は、息子は、いまでも妻といっしょに入浴をしています。私の仕事が忙しく、いつも帰るのが夜の10時過ぎのことが多いので、普段は妻が息子といっしょにお風呂に入っています。私が早く帰るこ

Part1　相談支援事例編

とができる時や土日に仕事がない時などは、できるだけ息子と入る
ようにはしています。

　このまま妻といっしょに入浴を続けてよいのもかどうか、ご相談
したいと思い、メールをいたしました。

✉ **小林さま**

　メールありがとうございました。講演会はいつもお母さんたちが
ほとんどで、お父さんの姿を拝見すると、うれしくなります。お父
さんたちが参加しやすい土曜日や日曜日の設定や、その後の「おや
じの会」など交流会の企画も大切ですね。

　本題の「入浴」です。お母さんたちには、息子さんの二次性徴が
はじまり「男臭く」なってきたら、息子をどことなく「異性」とし
て感じるようになってきたら、お母さんも裸になっていっしょにお
風呂に入ることは、やめた方がよいと、アドバイスをしています。
これが「原則」です。

　こうした「原則」をお話しすると、からだや髪の毛がうまく洗え
ないのでどうしたよいのか、息子にはてんかんの発作があり見守り
が必要なのだが、一人で入らせると、お湯を飲んだり、シャワーで
遊んだり、あげくにはシャンプーを空にしたりと、目が離せないなど、
それぞれの機能しょうがいの程度などより、困ったことが出されま
す。こうした困りごとにきちんと向き合えるようなアドバイスをせ
ず、「原則」のみを強調しても、お母さんたちの納得は得られません。
「冗談」で「垢では死なない」とか、きちんと洗うのは頻繁でなくて

047

よく、「たまにはからだを洗わなくてもかまわない」「それよりも一人でお風呂に入る経験の方が大切」ともお話ししますが、清潔のことを考えると、このような話で済ましてよいとは思えません。

　男のきょうだいがいない、父親は遅く帰ってきてあてにならないとすれば、何とか母親として工夫をしないとということになります。

　比較的うまくいった例です。中学3年生までお母さんといっしょに入っていた男の子です。小林さんの息子さんと機能しょうがいの程度は同じくらいかと思います。お母さんからの相談で何とか別々にということで、取り組んでいただきました。

　中学部を卒業して、高等部に入学する機会に、「あなたはもう一人前のおとなの男なのだから、これからはいっしょに入らない」という宣言をしてもらいました。父親の協力も得て、父親にも同じことを言ってもらいました。この日は、お父さんと入浴してもらいました。

　次の日は、お母さんは「いっしょには入りません」「はだかにはなりません」と、本人にいっしょに入らないことを確認して、でも髪の毛やからだを洗うことはひとりではむずかしいので、それは手伝うことを確認しました。お母さんはTシャツと短パン姿で、後からお風呂に行きました。

　はじめは、いつもとは違うので、「お母さんも脱ぎます」というようなやりとりと、お母さんのTシャツを脱がせようという行動もあったようですが、お母さんの方が、「あなたはおとなの男です」「お風呂には男の人としかいっしょに入りません」と繰り返して、説得を

したようです。いまは何とか落ち着いて、折り合いをつけていると
いうことでした。

　年頃の息子が、たとえ機能しょうがいがあるとはいえ、いつまで
も自分のパートナーである母親といっしょに入浴するのは、不自然
ですね。大切なパートナーをいつもでも息子にとられている？　よ
うでは、二人の関係もしっくりいかないのでは？　こんなことを感
じています。

　何とかきっかけをつくり、取り組んでいただけるとうれしいです。

✉ 木全先生へ

　長いお返事のメール、ありがとうございました。これまでは、ど
こかおかしいと思いつつも、息子には重いしょうがいがあることと、
どちらかといえば育児は妻にまかせきりで、自分は仕事に逃げてき
たように思います。できるだけの手伝いはしてきたつもりですが。

　思春期に入ると、男親の出番と言われて、戸惑っている自分もい
ます。このメールをきっかけにして、少しですが息子と向き合って
みたいと思います。また、結果を報告します。

Case

11

いつまでいっしょの
布団に寝ているの？

中学部3年生、中度の知的機能のしょうがいと自閉性しょうがいのある男の子、母親グループカウンセリングでの相談

　思春期の子どもをもつ母親たちと行っているグループカウンセリングでの相談を取り上げてみます。まだ息子が母親といっしょの布団で寝ていて、何とか自分の部屋で一人で寝てほしいのだが、という相談です。

　大学の教員になって16年が過ぎようとしています。教員になったのをきっかけに、地元の知多半島（五市五町）を圏域とする障害児者療育等支援事業という相談支援事業のお手伝いをすることになりました。事業の一つとして、わたしは、毎年、中学部3年生の男の子の母親たち5人に集まっていただき、3回シリーズのグループカウンセリングを行っています。ここでは、思春期の性と生をテーマにしています。中3の秋から冬にかけての3回が終わると、次の年から、高1、高2、高3、社会人1年目と、年1回ですが、アフターフォローの集まりももっています。七夕会と称しています。

　こうしたグループカウンセリングの時に、いまでもいっしょの布団で寝ているので何とかしたいと、満夫くんのお母さんが話をはじめました。満夫くんは、中度の知的機能のしょうがいと自閉性しょ

うがいあります。

　確か中3の2月のころ、3回目の時です。いつまでいっしょの布団で母子が寝ていたか、という話題になりました。満夫くんのお母さんが、わざわざお金をかけて個室を用意したのだけれど、いまでもいっしょの布団に寝ていてと、少し恥ずかしそうにお話をされました。

　満夫くんには、別の部屋で寝るように説得されたそうです。寝る時は、説得に応じて自分の部屋で寝るのですが、母親が父親といっしょの部屋で寝始めると、自分のまくらを持って、母親の布団にもぐり込んできます。こうなると、いくら自分の部屋に戻るように言いきかせてもダメで、ぐずぐずして、眠らなくなってしまうそうです。眠らないと翌朝も機嫌が悪く、母親も困るので、仕方がなくこの状態を続けていました。

　この時のグループカウンセリングでは、5人のうち満夫くんだけが、いまだにお母さんと寝ていました。他の子どもたちは、同性の兄弟といっしょだったり、お父さんとだったりしながら、思春期のはじまりをきっかけに自分の布団で寝ることができていました。もちろん満夫くんよりも、重い知的機能のしょうがいのある同級生も、一人で寝ています。

　この時は、他のお母さんたちと共に作戦会議？をしました。偶然、満夫くんとも仲がよい久志くんは、もうとっくに一人で寝ていることを強調して、満夫くんに話をしてみることになりました。春休みに、久志くんが久志くんのお母さんといっしょに、満夫くんのうち

に遊びに行き、そこで、久志くんは、もう一人で自分の部屋で寝ていることを大げさに話題にすることにしました。

　さて、この作戦は、どうなったでしょうか？
　高1になった5月の連休明けに行ったグループカウンセリングの時に、満夫くんのお母さんからこんな報告がありました。
　満夫くん、いまは自分の部屋で一人で寝ることができるようになっていました。
　5月の連休に、久しぶりにお母さんの実家に満夫くんと帰ることになりました。すると満夫くんが、お母さんにこんなことを言いました。「中3までは、おじいちゃんのところに帰ると、おじいちゃんとおばちゃんが夜いっしょに寝て、ぼくとママがいっしょの部屋で寝ていたね。今度おじいちゃんのところへ行く時は、どうするの。男同士と女同士で、ぼくはおじいちゃんと寝るよ。ママは、おばあちゃんと寝たら」と。
　それを聞いて、お母さんも、びっくりしました。さっそくおじいちゃんとおばあちゃんに、このことを報告して、今回は、満夫くんの提案どおりにするようにしました。
　さて、実家での1泊目のことです。お母さんは、自分の母親と同じ部屋に布団を敷いて、寝ることになりました。実の母と同じ部屋で寝るなんて、ほんとうに何十年ぶりのことだったと、お母さんはお話をされました。
　その夜は、実母と深夜まで、あれこれ日頃話せなかったことを話

したそうです。実母の話の中心は、同居している長男の嫁の悪口ばっかりだったと、笑っておられました。お母さんも、満夫くんの子育ての苦労と成長について、久しぶりに実母とお話ができて、とてもよかったと、お話しされていました。

　グループカウンセリングに集うお母さんたちも、「うん、うん」とうなずきながら、満夫くんのお母さんの話を聞いています。

　満夫くんが一人で寝ることができるようになったという成長が、お母さんにこんな経験をプレゼントすることになりました。

　暖かい空気がカウンセリングの部屋を包み込みます。こんなお話をお母さんたちから聞くことができるのが、このグループカウンセリングのわたしにとっての魅力です。

宝石を買わされてしまいました

22歳、知的発達の機能に軽度の遅れのある青年、障害者生活支援センターの相談員からの相談

　ある地域の障害者生活支援センターの相談員から、知的しょうがいのある人の犯罪被害に詳しい弁護士さんを紹介してほしいということで、わたしのところに相談がありました。お母さんが心配して、生活支援センターに相談された事例です。

　雅志くんは、22歳の青年です。知的発達の機能に軽度の遅れがあります。小学校は普通学級でなんとか生活をしました。中学校では、学習が大きく遅れたことと「いじめ」があって、支援学級で過ごしました。地元の高等養護学校を出た後、一般企業に就職することができました。就職先は、大手の焼き肉チェーン店です。厨房での食器洗いが主な仕事です。本人なりに、がんばって働いています。彼には、月10万程度の給料があります。また、2級の障害者年金が出ています。

　仕事の方は、幸い職場の理解もあって、パートの学生アルバイトの人たちとも、何とかいっしょにやっていけているようでした。土日も仕事があり、仕事が休みの日は、平日が多かったようです。高

等養護学校時代の友人とは、こうした仕事のこともあってなかなか遊べません。

彼は、平日、繁華街に出て、好きな本屋に立ち寄って、アニメの雑誌を買ったり、アニメの人形などが置いてあるお店に行って、お小遣いの範囲で買い物したりして、楽しんでいました。月1万円の決まった小遣いです。家に食費などで5万円を入れていました。残りは貯金をしています。

職場には、多くの男女の学生たちがアルバイトに来ていました。若い人たちなので、カップルができたりもします。また、控え室では、恋バナにも花が咲きます。こうした環境もあり、雅志くんなりに、彼女がほしかったようですが、自分から積極的に声をかけるような勇気もなく、休日には、繁華街をぶらぶらしていることが多かったようです。

高等養護学校時代には、好きな同級生もいたようです。雅志くんは、体型がぽっちゃり型で自分の容姿に自信がなく、告白もできなかったようです。

職場が休みの平日、いつものようにアニメショップで品定めをしていた時のことです。こんな雅志くんに、ある女性が声をかけます。雅志くんが好きなアニメの話題です。見た感じかわいい20代の女性です。仮の名前を由香さんとでもしておきましょう。

雅志くんは由香さんに声をかけられて、すっかり舞い上がってしまいます。携帯のアドレスも交換します。メールでのやりとりも始

まりました。この携帯電話のメールも後になって、ほんとうの彼女のものではないことも判明していきますが。

由香さんは、雅志くんとメールのやりとりも含めて、交際らしきものを求めていきます。巧妙に、まだ両親に言わないでほしいなどと、雅志くんを他の人たちから切り離していきます。雅志くんが、平日の休みの時などに会って、喫茶店で話をしたり、時に映画もいっしょに観に行きました。

つきあって？半月もすると、雅志くんは由香さんにすっかり夢中になってしまいました。雅志くんは、もう由香さんは、自分の彼女だと信じ込んでしまいました。

ある日のことです。由香さんは、高価な指輪を雅志くんにプレゼントしてほしいとねだります。値段は、30万円ほどだと言います。雅志くんには、お金の価値は十分には理解できませんが、日頃の小遣いや自分の給料からみても、かなりの金額であったことは、理解できたようです。いくつかの宝石店をいっしょに見て回った後で、由香さんに連れてこられたのは、街の宝石店ではなく、繁華街にあった貸部屋でした。由香さんは、こっちの店は、自分の知り合いで、宝石が安く買えると、言葉巧みに、雅志くんにねだります。雅志くんは、これまで宝石など買ったことがなく、よくわかりません。由香さんに言われるがままに、20万円相当の指輪を買うことになりました。契約書に住所と名前を書きました。由香さんがとてもうれしそうなので、雅志くんもまんざらでもありません。

この日の夕方、自宅に帰ったから、雅志くんはお母さんに、恋人

に指輪を買ってあげたので、30万円、銀行から下ろしてきてほしいと話しました。

　この話を聞いて、お母さんはびっくりしました。雅志くんに詳しく話をさせようとしますが、雅志くんの方は、由香さんのことが大好きなので、とにかくお金を下ろしてきてほしいの一点張り。しまいには自分が働いてためたお金だ。どう使おうが自分の勝手と、怒り出す始末です。

　次の日、お母さんは、お金を下ろしてくると、雅志くんを納得させ、その足で支援センターに相談に行きました。

　相談員は、これは欺されている可能性が高いことを察知して、弁護士さんにも相談して、動きました。お母さんがすばやく相談したこともあって、欺されてお金を失うことはありませんでした。

　でも、雅志くんのこころはすっかり傷ついてしまいました。女性不信、人間不信になり、しばらくは、落ち込んだままでした。

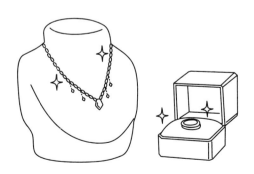

旅行先でお酒を飲んで、
てんかん発作を起こしました

26歳、中度の知的しょうがいとてんかんの発作がある青年のお母さんからの相談

　通所の生活介護の事業所に息子さんを通わせているお母さんからの相談です。

　息子さんは、26歳。仮に純さんとしておきます。中度の知的しょうがいとてんかんの発作があります。

　養護学校の高等部を卒業後、通い始めた授産施設ではうまくいかず、半年ほどで通えなくなりました。自宅での生活が続いていましたが、2年間から、近所にできたこの事業所に通っています。

　息子さんが通っているこの事業所でのことです。ここでは、「ふつうのくらし」ということを理念にしているようで、できるだけ機能しょうがいがない人たちと同じような経験をさせたいということを、大切にしているようです。

　この事業所では、年に1回、宿泊での旅行があります。利用者さんたちも楽しみしています。今年は、温泉にみんなで行きました。

　この旅行で、ちょっとした出来事がありました。夕食のことです。この事業所の責任者、山田さんとしておきましょう、「ふつう」とい

うことをとても大切にされている方で、純さんにお酒を飲ませてしまいました。

　純さんは、お酒を飲むと、てんかんの発作を起こしやすいので、お母さんは旅行前に、山田さんには、お酒は飲ませないでほしいとお願いをしていたようです。

　案の定、お母さんが心配した通り、大きな発作を起こしてしまいました。その時は、しばらく寝かせていると、発作はおさまったということですが。

　山田さんは、無理に勧めてはいない、本人が飲みたいと言った、「ふつうのくらし」が大切なのだから、本人が飲みたいと言えば、飲ませてもかまわないと思うという考えを主張されたようです。でも、お母さんは、山田さんの考え方と対応にどうしても納得できません。一度、大きな発作が起こった時の、脳への影響を心配しています。

　これまでは「ふつうのくらし」という山田さんのことばにも共感していたのですが、今回の出来事で心配になってきました。今後、どのように対応すればよいのか、というのが相談の趣旨です。

　お母さんには、「それは心配でしたね」と受けとめた後で、純さん本人は、今回の出来事をどのように受けとめているようですか？と、尋ねてみました。

　本人は、母親の心配はよくわかってなさそうです。旅行の次の日も、よろこんで事業所に通い続けていますとのこと。発作の時は、本人も意識がないですし、仲間たちといっしょにお酒を飲めたこと

は、うれしかったようです。ただ、お母さんが「発作が起こるので
これからはお酒は飲んでいけない」ときつく言われたことで、こと
の重要性はなんとなく気がついているようだとのことでした。

　こんなふうに話を進めながら、お母さんが純さんのてんかんの発
作はできるだけ回数を少なくしたい、という思いはよく理解できる
と伝えました。「ふつうのくらし」は大切だけれども、この「ふつう
のくらし」には、できるだけてんかんの発作を起こさないように健
康に留意しつつ、安心して生活することが基本にあるからです。

　本人が、自分の健康を省みず発作を起こしてまでもお酒が飲みた
いと主張した時には、どうしたらよいですか？　と、お母さんは問
いかけます。

　純さん本人は、仲間たちといっしょに飲むことが楽しくてしかた
がないようです。こうしたおとなの楽しみは、お母さん自身も大切
に思ってみえました。

　どうしたものかと、お母さんのお話を受けとめながら考えていた
時に、ノンアルコールのビールや酎ハイがあることに気づきました。

　さまざまな機能しょうがいがあるなしに関わらず、お酒に強い人
と弱い人がいます。体質的にまったく飲めない人もいます。

　よく考えてみれば、「ふつうのくらし」のなかには、飲めない人、
飲まない方がよい人、飲んではいけない人がいます。こうした人た
ちに無理にお酒を勧めるのは、ハラスメントですね。

　また、いくら本人が飲みたいと言っても、純さんのように健康に
害があるような場合は、周囲は飲まさないようにするのが、適切な

Part1　相談支援事例編

支援かと思います。
　でも、機能しょうがいがあるから、仲間たちと楽しむ場から排除してしまうのは、おかしいことですね。
　そんなことをお話ししながら、だったら、今度からはノンアルコールのビールで参加してみては？　ということになりました。お母さんも、ほっとされて「そうですよね！　ノンアルコールですね」と、納得されたようです。支援をされている山田さんには、こうした話をしてみると言って、帰られました。

　「ふつうのくらし」というのは、みんな同じくらしではないですね。一人ひとり人には、それぞれの大切なしあわせのかたちがあります。こうしたしあわせのかたちの実現が「ふつうのくらし」の中身のように思います。

母親の前で
わざと自慰をします　　　その1

高等部3年生、軽度の知的しょうがいのある男の子のお母さんからの相談

　17歳の高等部3年生の啓太くん。中学校特別支援学級を卒業、小学校2年生くらいの理解のちからある青年です。高等部の2年生の秋頃から、母親のいる前で、リビングでズボンの中に手を入れて自慰をしはじめました。

　「高等部の2年生の秋頃から、リビングでズボンの中に手を入れて自慰をし出した。それも母親のいる前で。時にパンツの中でそのまま射精をして、パンツを汚してしまう。パンツは履き替えることもない。リビングではなく、自分の部屋でやってほしいと言っても、聞き入れてくれない。どうしたらよいのか」という相談でした。

　啓太くんは17歳の高等部3年生です。はじめにお母さんのお話を聞いた時には、知的に中度か重度の重い青年を想像しましたが、お話を聞いていくと、そうではなくて、中学校特別支援学級を卒業していて、小学校2年生くらいの理解のちからある青年だとわかってきました。

　もちろん学校では、友だちや先生たちの前では、そんなことはし

Part1　相談支援事例編

ていません。排尿、排便も自立していますし、入浴も自分でできます。

　二次性徴も比較的早く、小学校の高学年頃には、性毛も生えてきたとのこと。射精も自慰により中学校の2年生ぐらいには、できていたようです。この頃は、トイレや自分の部屋で、こっそりとして、後始末も自分でしていました。

　小学校2年生くらいのちからがあれば、自分の中に育まれ培われてきた「他者たち」がイメージでき、人前で裸になったり、もちろんペニスを出して自慰をすることは「恥ずかしい」という感情も認識もできています。そのうえで思春期をくぐり抜けてきて、同性の友人たちや異性の、本人に内面化されたまなざしを感じて受けとめるちからも一定育ってきているでしょう。

　こうした状況の中で、母親との関係も、異性としての母親と母親としての母親という二つのイメージを葛藤しつつももちながら、母親離れをしているような時期であり、そうできるちからも何とかもっていると踏んでいました。

　そんな啓太くんが、なぜ高等部の2年生の秋頃から、リビングでズボンの中に手を入れて自慰をし出したのか？　それも母親のいる前で。時にパンツの中でそのまま射精をして、パンツを汚してしまい、パンツは履き替えることもないのは、どうしてか？

　ここのところに焦点を当てながら、お母さんに質問をしつつ、お話を聞いていくことになりました。

　お話を聞いていくと、お母さんは、この母親の前での自慰とは別

に、あと二つのことで、困っていることがあると言われました。

　一つ目の困っていることは、高2の夏以降、つきあっている彼女とのことでした。同じ学校の1年年下です。何に困っているかというと、彼女との電話を聞いていると、「キスしたい」とか「抱きしめたい」とかと言っている。どのように見守ればよいのか？　相手の親との関係をどのようにつくっていけばよいのか？　というものでした。

　実は、心配のあまり、少しきつく「ダメ」と叱ってしまったことがあり、それ以来、どのようにつきあっているのか、よくわからない状態が続いていると、話されました。叱られたことで、隠すようになったということです。

　啓太くんは、知的なちからもそこそこあるので、つきあうこともできるし、やばいと思うと、隠すこともできるのですね。

　こんなちからがある彼が、なぜ母親の前で自慰をしてしまうのか？相談をしながら、また、わからなくなってきました。

　次にお母さんが話されたのは、携帯電話のトラブルでした。啓太くんは、高等部に入ってから、ねだってねだってやっと携帯電話を買ってもらいました。彼女とつきあい始めてしばらくしてのことです。

　ある月の携帯電話の請求が、10万円を超える額になっていました。彼女との通話で増えたのではなく、ホームページの有料サイトを観ていて、どんどん額が膨らんだことがわかりました。

これにはお父さんもお母さんも大慌てです。怒りもあって、啓太くんから携帯電話を取り上げてしまいました。
　彼女との電話は、自宅の電話となり、どんな話をしているのか、母親に筒抜けということにも、つながっていきます。
　携帯電話を取り上げた後は、啓太くんは、大荒れでした。ふすまは破れる、壁は蹴られるなど、お父さんがいると厳しく叱られるので、おとなしいですが、お父さんが仕事で遅いとかいないと、はじめはお母さんに見せつけるように暴れていました。
　お母さんも根負けしてしまい、エッチなサイトが見られないようにフィルターをかけて、約束して渡したのですが、一度はうまくはずしてしまいました。そして、また、高額な請求が来たのです。それで、再び携帯電話を取り上げることになってしまいました。
　ここまで話を聴きながら、お母さんの前でわざと自慰をするのは、当てつけかもしれないぞと、少し啓太くんの行動のわけが見えてきました。

母親の前で
わざと自慰をします　　その2

高等部3年生、軽度の知的しょうがいのある男の子のお母さんからの相談

　前回の続きです。17歳の高等部3年生の啓太くん。中学校特別支援学級を卒業、小学校2年生くらいの理解のちからある青年です。高等部の2年生の秋頃から母親のいる前で、リビングでズボンの中に手を入れて自慰をしはじめました。時にパンツの中でそのまま射精をして、パンツを汚してしまい、パンツは履き替えることもしません。どうしたらよいのかというお母さんからの相談です。

　つきあっている彼女とのこと、携帯電話のトラブルと、ここまでお母さんのお話を聴きながら、啓太くんが、お母さんの前でわざと自慰をする気もちが、何となく想像できはじめました。
　啓太くん本人と二人だけでお話ができるとよいのですが、会ったこともない大学教員のわたしとは、この状況ですから、お母さんが説得したことで、いや説得すればするほど、会って話を聴くような状況になることはむずかしいことと判断しました。まずは、お母さんにどのようにお話をすればよいのかをあれこれと考えながら、お母さんの話を聴き続けました。

深呼吸をして、お母さんには、「啓太くんは、人前で自慰をすることは、はずかしいということは、よくわかっている青年のように思うのですが……、お母さんはどう思われますか」と、おもむろに切り出しました。このことばがけの「ウラの意味」は「どうして啓太くんはお母さんの前でわざと自慰をするのだと思いますか」という問いかけです。直接、この問いを投げかけると、お母さんが受けとめの拒否をなさるような気がしたので、やんわりと問いかけてみました。

お母さんは、しばらく黙って考えられたあとで、「そうですよね」と続けられました。「啓太の彼女とのつきあい方が心配なのと、携帯のアダルトサイトののめり込みの被害額が大きかったので驚いて、わたしも夫も、ついつい禁止、禁止と、追い詰めていたかもしれませんね……」と、話されました。

わたしは、「うん、うん」と、うなずきながら、「親でしたら、こうした心配は誰しもなさいますし、携帯での高額被害があると、驚いてもあたりまえですよね。とりあえず禁止という対応をなさる方も、多いですし……」と、応答したあとで、「でも、禁止、禁止では、うまく啓太くんに、お母さんの気もちとおもいが伝わってないようですね」と、続けました。お母さんも、うなずきながら、わたしの話を受けとめようとしてくださいます。

しばらく沈黙の時間が続きます。

お母さんは、「どのようにすればよいのでしょうか?」と、話を戻

されました。わたしは、「お母さんは、どう思われます」と、そのままお母さんに、問い返しました。また、沈黙が続きます。お母さんは、あれこれと考えていらっしゃるようです。ずっとわたしが黙っていると、また、お母さんが、口を開きました。「知的に遅れがあっても、啓太も青年ですよね。でも、心配で、心配で」。「心配ですね。でも啓太くんは、一人前のおとなになろうともがいているようで……」と、心配を受けとめつつ、啓太くんの気もちとねがいに気づいたお母さんを励まします。

　この後もあれこれとやりとりが続きました。もう具体的なアドバイスをして、やってみるかどうかをお母さんに判断してもらっても、大丈夫なところまできたように思います。

　彼女との交際を受けとめて見守ること、啓太くんがどのようなつきあい方がしたいのか、まずは話を聴くこと、でも親として心配なことは、率直に伝えること、携帯とポルノの方は、お父さんの出番です。エチケット、マナー、騙されない使い方などについて、いっしょに学ぶことをアドバイスすることができました。

　かれこれ20年以上、相談援助の仕事を続けてきました。自分のこととして思うのは、人というのはわがままなものだということです。援助する側が、この方法であれば、きっとうまくいくと考えてアドバイスしたことも、そのまま実行していただけることは、ほとんどないということを経験してきました。

　若いときには、思い上がっていたのか、早く解決してあげたいと、

ついついあれこれと「良かれ」と思うことを助言してきました。ある時、あるお母さんが「言われた通りにやったけれど、うまくいかなかった」とお話をされました。ドキッとしました。よくよくお話をうかがうと、わたしのアドバイス通りにされていたわけではないことも、すぐに気づきました。

　この時のことをふりかえってみて、人というのは、いくらこうすればうまくいくとわかっていても、「できること」の中で、「したいこと」しか行えないことに気づいたのです。考えてみれば、わたしも同じでした。

　それからは、じっくりと話を聴くことを心がけるようにしています。まずは、「気もち」をていねいに聴いていくこと。そして、相談者の「気づき」を大切にしてながら、本人が「やりたいこと」「やってみたいこと」「やれそうなこと」をできるだけ気づいてもらいながら、ここのところを確認して、実行できるように支えていくような相談を心がけるようになりました。

　具体的なアドバイスは、最後の最後にするようにしています。そして、このアドバイスも、相談された方が、ほんとうに納得して、自分でやってみたくなるようなものであるか、確認することを忘れないようにしています。

　それでも、わたしのお節介な悪いクセは、なかなか治りませんが。

Case 16

姉の結婚式に出た後で、自分も「結婚したい」と繰り返します

21歳、中度の知的しょうがいがある女性のお母さんからの相談

　今回は、久しぶりにメールでの相談ケースです。お姉さんの結婚式に出た後で、「自分はいつ結婚できるのか」と、しつこく質問をするようになった中度の知的しょうがいのある女の子のお母さんからの相談です。

　軽度の女性たちには、十分に可能性がありますね。実際に、結婚しておられる方もみえます。

　中度の女性たちは、「将来の夢」と言えば、「結婚」と答えるほど、彼女たちの「あこがれ」になっています。「夢」ではなく、支援を受けつつのカップルもみられるようになりました。実現の可能性がないから、「微笑ましい夢」と決めつけて、おおらかに対応しているのが現実ですが、ほんとうにそれでよいのでしょうか。ともに考えてみたいテーマでもあります。

✉ **木全先生へ**

　先日、先生がお話しされた性と生の学習会に出席した母親です。女、女、男と3人の子どもがいます。2番目の子どもには、中度の知的しょうがいがあり、近所の作業所に通っています。高等部を卒業

して、3年目です。縫製の仕事をしています。

　先月、25歳になる長女が結婚をしました。きょうだいのことでは、相手の男性に、妹のしょうがいのことをどのように伝えるのか、彼女も葛藤があったと思います。こちらの方は、幸い相手方の理解もあって、ほっとしています。

　長女もぜひ妹を結婚式に出してやりたいと、出席させたのはよかったのですが、結婚式が終わった後から、しつこく「自分はいつ結婚できるのか」「相手は誰なのか」と、質問をするようになりました。

　はじめのうちは、「そのうちにね」「すてきな相手が見つかったらね」と、適当に応えていたのですが、「いつ」「誰」と、何度も質問をするので困っています。

　「あなたにはしょうがいがあるから無理」とも、「ごはんを自分で作ったりできないでしょ」とも、言えないでいます。

　父親に相談をすると、「できるわけないだろう」「ほっておけ」という態度です。娘も、父親に言っても、叱られるだけなのがわかっているのか、父親の前では、うるさく結婚をしたいとは言いません。

　どのように応答すれば、本人が納得してあきらめるのでしょうか。よいお知恵をお貸しください。

✉ 伊藤さんへ

　メールを読みました。

　長女さんの結婚、おめでとうございます。とても妹思いの長女さんを育てられたお母さんも素敵です。

お姉さんの結婚式への出席の体験、本人には、とてもまぶしく、うらやましく思えたのでしょうね。本人には、よい経験だったと思います。伊藤さんには、出席させたことはよかったけれど、ここまで本人が「あこがれる」とはと、想像していなかったかもしれませんが。

　この日は、みなさんから祝福され、誰もが「人生の主人公」になれます。しかも、素敵なウェディングドレスを着て、花束をもらって……。本人が、「わたしも」と思うのも、当たり前のような気がします。

　本人が、「自分も」と思うのは、本人の成長にとっても、大切な機会ですね。本人のわかるちからのなかで、わかる絵ややさしいことばを使って、「結婚」について、いっしょに考えるよい対話の機会になさってはいかがでしょうか？

　まずは、本人の気もちを否定せずに、「結婚したい」という気もちは、大切な気もちとして、受けとめることからはじめてはいかがでしょうか？　そして、次に、本人に、「結婚」について、どのように理解してるのかを確かめるとよいと思います。この時にも、「結婚＝結婚式」のような生活感のない幼いこたえが返ってきても、否定しないことです。「結婚式がやりたかったのね」など肯定的な受けとめが大切です。

　「結婚したい人がいるの？」と聞いてみるのもよいのかもしれません。具体的な相手がいることは、必須条件ですから。ここでアイドルの名前が出てきたり、作業所の若い指導員だったりすることもま

まありますね。「好き」ということは大切な感情ですが、一方的に「好き」なだけではダメで、相手にも「好き」になってもらう必要があることも、気づけるよい機会ではないでしょうか。

　対話のなかでは、「○○できなければ、□□できない」という否定的な対話にしないことも、ポイントです。家事や家計などは支援を受ければいいのですが、まずは相手と仲良く生活をしていくことが大切なことなども、押しつけないで、楽しく話し合えるとよいですね。できれば、お姉さんのちからも借りながらということも、大切かと思います。

✉ 木全先生へ

　お返事ありがとうございました。娘のしょうがいのことが気になり、自分の結婚のイメージに縛られて、性のことや生活の維持のことなどを考えてしまい、無理なことを娘が言ってきて困っていました。いまの娘の気もちを大切にしながら、おおらかに受けとめて、話をすればよいですね。

　また、相談します。

Case 17

ブラジャーをうまくつけるために
あこがれと挑戦と

小学校５年生、知的しょうがいと自閉性しょうがいある女の子のお母さんからの相談

　思春期を迎える女の子のお母さんからの相談です。

　ある特別支援学校の保護者会で、思春期の性と生のお話をさせてい
ただいた時に事前に出された質問です。講演が終わったあとで、短い
時間でしたが、やりとりをしながら、相談内容を少し深められた事例
です。

　名前は仮に、水谷さんとしておきます。

　まずは、事前の質問の内容です。

　「娘は、小学校５年生。知的しょうがいと自閉性しょうがいがあり
ます。まだ、生理はありませんが、ここのところからだが大きくなっ
てきて、胸のふくらみが目立つようになりました。そこで、パッド
がついているキャミソールやスポーツブラを着せるようにしていま
す。実は、着る時に、脇や背中がねじれたり、まるまったりしてしまっ
て、なかなか一人でうまく着ることができません。いまは、着ける
時に手伝っています。また、服を脱ぐ時も、Ｔシャツやトレーナー
をぐいっと一気に脱いでしまうので、今度は、胸が出てしまい悪戦
苦闘中です。一人でうまく着脱ができるようになるコツがあれば教

えてください」ということした。

　講演では、具体的なコツの前に、思春期前期の知的しょうがいの
ある子どもたちのこころの発達の一コマと、大切にしたいことをお
伝えしたいと思い、進藤美左さんの「人生を大きく支える性と生の
学び──自閉症の娘とともに」（『季刊セクシュアリティ』No.43）を
紹介してみました。

　進藤さんの娘さんは、知的しょうがいと自閉しょうがいがありま
す。地域の支援学級で学んでいます。この娘さんは、小学校5年生
になるまで、プールの着替えの時に、スカート型タオルを胸に巻い
て着替えることはできずに、いつも全部脱いで着替えていました。
進藤さん自身は、「この子は一生、恥ずかしいということがわからな
いかも」と不安に思っておられます。ある時、通常学級の友だちに、
「ちょっと恥ずかしいかも」と言われ、担任の先生にも「かっこいい
お姉さんの着替え方だよ」と教わり、それから一生懸命スカートタ
オルを使って着替えるようになったというエピソードです。

　進藤さんは、こんなふうに書いておられます。「知的障がいは決し
て軽くありませんが、思春期にさしかかった頃から自分を他の子ど
もと比較するようになりました。言語障がいが強く、人前で話す場
面を恐れるようにもなりました。しかし同時に、自分の将来像とし
て周囲の中高生の女の子を見ていたようで、嫌だったブラジャーも
積極的につけ、新しいことに挑戦をしはじめました。『素敵なお姉さ
んになる』という"あこがれ"の気もちが、感覚の過敏さや自己認識
の未熟さを超えて、思春期から青年期の混乱の交通整理をしたよう

でした」と。

　そして、思春期の下着選びでは、汗の吸収とか清潔だけではなくて、「かわいい」とか「かっこいい」というあこがれという動機、女の子の下着にも、着けてみたいという気もちにさせるデザインも大切であることもお話しました。

　講演が終わってしばらくして、こんなメールをいただきました。
　「質問をした水谷です。短い時間のなかでたくさん時間をとっていただきありがとうございました。また、講演後も、ご相談いただき、うれしかったです。娘は、知的なちからは、2、3歳ぐらいなので、『恥ずかしい』とかは、まだわかっていないようですが、『かっこいい！』ということばは知っているので、少しずつ教えていこうと思いました。低学年の頃は、わざとおなかを見せたり、性器を触ってみせたりということもありましたが、最近は、少しずつ減ってきています。
　ブラジャーは、薄手の一体型のものだとズレてしまうようです。ステップ3の立体的なタイプのもの、ワイヤーなしホックなしのものだと、比較的ズレないこともわかりました。スポーツブラは、前後がわかりにくく、前にリボンをつけて、わかるようにしてみました。わきのところがきついものはうまくいかないこともわかってきたので、少しゆるめのものにしたらうまくいきました。まだまだ練習中ですが、少しずついろいろ試してみたいと思います」と。
　ちなみに、ステップ3というのは、思春期の女の子のバストの成長とブラの選び方の段階を示したものです。ステップ1は、乳頭部

分がふくらむ〈めばえる〉、ステップ2は、ふくらみが横に広がる〈ふくらむ〉目安は、初経をはさんで前後1年、ステップ3は、立体的に丸くなる〈まるくなる〉です。ワコールのホームページに詳しく書いてあるので、参考になります。

　ちなみにステップ1の解説には、「ふくらみはじめた乳頭の周辺はとても敏感です。体操着や洋服の上からでもプクッと乳頭が目立つようになり、また衣服とこすれて痛みも感じやすくなります。ステップ1のブラジャーは『乳頭が衣服にこすれない』『乳頭を目立たせない』ために着けさせてあげてください」とありました。

　加えて、こすれやしめつけなどの皮膚接触に過敏さがある子どもたちには、特別な配慮が必要ですね。

　今回の相談は、お母さんからでしたが、父子家庭のお父さんは、もっとどうしたらよいのかと悩んでいるかもしれません。心配になりました。

参考文献
「人生を大きく支える性と生の学び─自閉症の娘とともに」進藤美左、『季刊セクシュアリティ』No.43、"人間と性"教育研究協議会

下着を盗ってしまうことが
やめられません

もうすぐ20歳、軽度の知的しょうがいのある青年、弁護士からの相談

　もうすぐ20歳の軽度の知的しょうがいのある青年です。下着の窃盗で逮捕された彼の担当弁護士さんからの相談です。

　両親と一つ学年が上の姉との4人家族です。小学校の高学年ぐらいから勉強についていけなくなり、友だちからもバカにされるなどのいじめがあって、不登校気味になりました。

　中学校の入学当時、支援学級を勧められましたが、同じ中学に通うことになる姉の方が、弟が支援学級に入ることを嫌がり、また、父親も「やればできる」と、どうしても受けとめきれず、通常学級で学びました。

　母親のつてで家庭教師もつけ、中学校時代は休みがちでしたが、何とか卒業します。友だちはほとんどいなかったようです。すぐに自宅に戻ると、自宅のパソコンで遊んでいることが多い生活でした。

　何とか通信制で高卒の資格も得られる専門学校に入りますが、通学時間もかかるためか、だんだん行けなくなり、夏休み後は、まっ

たく行けず、中退してしまいます。

　16歳の秋に、一度目の下着窃盗で逮捕されました。中退後は、自転車でふらふらしていることが多かったようで、自宅から自転車で20分ほどのアパートの1階の物干しから、女性の下着を盗ってしまいました。彼の部屋の押し入れには、これまで盗ってきたたくさんの女性の下着が隠されていました。この時は、初犯でもあり、父親が相手方によく謝罪をして、警察に引き取りにいったので、自宅に帰されました。父親からは、厳しく叱られたようです。

　半年ぐらいは、自宅に引きこもりがちな生活をしていました。パソコンのネットにはまっていました。

　17歳の春先に、二度目の下着窃盗をして、捕まってしまいます。今度は、少年鑑別所に入ることになりました。父親が心配して、知人を通して、弁護士さんが付添人になりました。

　面会をした弁護士さんが、家庭裁判所の調査官の心理検査の結果から、本人には、軽度の知的しょうがいがあることを改めて確認しました。

　弁護士さんの説得で、本人も両親も納得して、療育手帳を取得しました。一番軽いB2という判定でした。

　家庭裁判所では、知的しょうがいがあること、就労支援をしていく日中に通う場所を見つけ、日中はここに通うこと、相談支援のワーカーの支援も得られること、しばらくは弁護士さんも支援の会議に出ることなどが確認できたので、保護観察の処分となりました。

　さいわい就労継続支援の事業所の受けとめもよく、1年ほどは、本

人も、まじめに自宅から通っていました。このまままじめに通い、ゆくゆくは就労移行から、一般就労をめざそうということで、本人も両親も納得して、別の就労移行の事業所に通い始めた頃、今回の三度目の下着窃盗をして、捕まりました。今回は3回目であり、部屋には、何枚もの下着が隠されていました。もうすぐ20歳ということもあって、家庭裁判所も、この事案を重く受けとめていました。

　わたしのところに、弁護士さんから相談があったのは、3回目の逮捕後、短期の医療少年院への処分が決まった後でした。彼が出てきた後、どのように支援をしていけばよいかという相談のためでした。

　接見した弁護士さんによると、本人自身もよくわからないのですが、ストレスがたまり、イライラすると、むらっときて、女性の下着を盗ってしまいたくなるようです。

　自慰はできているようです。女性の下着にこすりつけるように射精をしていたようです。

　最初の助言として、いまは女性の顔写真がついている下着を買うことができるので、盗ると犯罪だけれども、買えば犯罪にならないという話をしてもらいました。

　ここのところはおもしろく、本人は、「顔写真はいらない」ということと、「自分はシミがついていたりして洗っていない下着ではなく、洗ってある下着がよい」とのことでした。

　一方では、本人は、次に捕まったら、今度は20歳を超えているので、大人の犯罪者として扱われることは、弁護士さんからもよく言われて

Part1　相談支援事例編

　いるようです。次は捕まりたくない、でも、そう簡単には止められそうにないということを、弁護士さんに話すようです。

　そこで、今度は知り合いの女性にお願いをして、どうしても本人が盗りたくなったら、盗ってもよいところに下着を干してもらっておいて、この下着であれば、盗っても犯罪にはならない同意があるという設定もお願いしてみました。スリルは減ってしまうので、うまくいくかどうかわかりませんが。

　そう簡単には止められない、でも、刑務所に入るのは嫌だという彼、そして関係者もいくら罰しても彼の盗癖は改善しないということに折り合いをつける対策です。

　後でわかったことですが、中学の頃、お姉さんの下着を盗って、姉と両親に強く叱られたということもあったようです。

　窃盗癖は、嗜癖、依存の病の一つです。DSMにも規定されている精神疾患です。彼の場合は、性的な興味・関心と家族の中での孤立が、癖を加速していきました。関係者の理解と支援がこれから始まります。

参考
DSMは、「精神障害の診断と統計マニュアル〔Diagnostic and Statistical Manual of Mental Disorders)」のこと。精神障害の分類のための共通言語と標準的な基準を提示するもの。アメリカ精神医学会によって出版。世界保健機関による疾病及び関連保健問題の国際統計分類（ICD）とともに、国際的に広く用いられています。最新のDSMは第5版で、2013年に出版されました。DSM-5では「窃盗症（kleptomania)」。

Case 19

チャットへ性器の写真を送ってしまいました

21歳、知的にはボーダーライン上にある発達しょうがいの青年、基幹相談支援センターのソーシャルワーカーからの相談

以前、小学生の男子の性器を触るという性加害をしてしまった青年の事例を検討しました。担当のソーシャルワーカーの堀田さんから、その後の相談がありました。

✉ **木全先生へ**

いつもお世話になっています。1年ほど前にごいっしょに検討をしていただいた、小学生の男子の性器を触るという性加害をしてしまった青年の事例です。

8月に執行猶予になり、弁護士さんにも協力していただきながら、2か月の一度の支援者の会議を続けてきました。当初は、見守りの効果からか、少し落ち着きを取り戻しつつ、就労支援の事業所に何とか通っていました。けれども、今年に入ってから、時折、日中、家を出たまま、事業所に行かず地域をぶらついたりしています。最近では、夜中に自宅から抜け出し、戻ってきたりということがありました。彼自身、どこかに行っている間、何もなければ大きな問題はないのですが、中学生からお金を借りたり、母親の携帯を無断で

持ち出して、チャットをしたりと、心配な行動が目につくようになりました。

　ご相談したいことは、チャットのことです。携帯を取り戻した母親から連絡があり、チャットに「オナニーしない?」「射精した?」「気もちよかった?」ということばとともに、自分の顔の写真と性器の写真をいっしょに送信をしたことがわかりました。

　執行猶予中ということもあって、お母さん、職場の人、移動支援のヘルパーなどが、四六時中、再犯をしないようにと、注意をしています。このことが彼には、見張られているというように感じているかもしれません。自由に行動させると、またトラブルを起こしたり、巻き込まれたりすることにならないかと、ついついみんなが心配してしまいます。

　お伺いしたい点は、チャットの内容について、注意すべき点です。この内容をどのようにとらえ、どのように対応すべきか、お忙しいところ申し訳ありませんが、お気づきの点があれば、ご教示いただけると幸いです。

✉️ 堀田さま

　以前に、性被害を受けていたことの本人なりの整理が十分にできていないことが、こうした行動化の一番の要因のように思われます。自分のされたことへの受けとめと理解が不十分なまま、性的な加害をしてしまったのではないかと見立てています。被害行為の行動化(Acting Out)ではないかということです。

性被害の経験は、被害感情とともに、快楽が混じっていると、本人自身の受けとめが揺れてしまい、むずかしいことが多いです。男性被害者の場合は、ジェンダーバイアスも重なり、「男であるオレが被害にあった。被害を受けるのは女のはず。強くなければならない男のオレがなぜ」といった怒り感情が芽生えることもあります。自傷よりもむしろ他害へと向かいやすいようです。

　また、こうした被害感情も、いじめなどの疎外された状況の中での被害ですと、被害を受けて、自分の大切なものが汚されたとか、自尊感情を奪われたという傷つきよりも、一方的で抑圧的で暴力的であっても、関わりをもつことができた体験の満足の方が強いことがあります。いじめの関係であっても、ひとりぼっちの孤立の状況よりはマシという認識です。このように、認知がゆがみやすく、修正も困難なことが多いです。

　チャットの写真とつぶやきでは、こうすることで　彼が何を訴え、どう理解して、どんな支援をしてほしいのかをともに考えていくヒントになると思います。ここを押さえずに、止めさせようしたり、やっていることはおかしいと注意をしたり、監視を強めても、なかなかこうした行動自体は止まないと思います。基本的に友だちがほしいわけですから。

　夏休みから青年の家で毎月一度、発達しょうがいの青年たちの居場所をはじめます。NPO法人子ども＆まちネットが主催です。わたしも関わりながら、性と生の相談や学習も少しずつ行っていく予定でいます。

Part1　相談支援事例編

　こうした集いに参加しながらということも大切です。でも、本人が来てみたいと思わないとうまくいきませんが。同世代の交流と信頼できる少し年長のおとなの存在を、どう保障していくかというところに、やり直しのヒントがあるように思います。

　そんなこともあって、居場所づくりを応援しているところです。少し関係ができると、一対一で絵を描いてもらったりしながら、被害の聴き取りというか、その時の気もちの受けとめと自分なりの対応へのアドバイスもできるのですが。このプロセスのあとで、チャットの行為はどうかな？　と問いかけていかないと、受けとめてもらえません。

　また、自慰についても、とっても大切なことなので、すること自体は自然な正常なことだけれども、一人でするもので、人には見せないということも、気もちを受けとめてから伝えないと、反発されるだけのように思います。

参考

NPO法人子ども＆まちネット（http://www.komachi-111.com/）

　事業の一つとして、「障がいのある子ども若者たちが自立するための基本」である「思春期の心身の変化をきちんと学び、他者とのコミュニケーションをロールプレイを通して学び」、「周囲の教員、家族、事業所の職員と共に教材を開発して一緒に彼らの成長を応援できるよう」養成講座を展開しています。

Case 20

「女の子になりたい」という軽度の知的しょうがいの青年

21歳、軽度の知的しょうがいと自閉性しょうがいのある青年、就労支援事業Ａ型の職員からの相談

　就労支援事業Ａ型の主任支援員の山田さんからの相談です。お母さんからの相談を受けてのお話です。

　満さんは、21歳の軽度の知的しょうがいと自閉性しょうがいを合わせもつ青年です。養護学校の高等部を卒業後、地元の自動車会社の下請けの工場に何とかパート職員として就職しました。けれども、職場の先輩との折り合いが悪くなり、2年ほどで行けなくなりました。
　母親が、養護学校の進路の先生に相談。相談支援事業の相談員につながり、相談員の支援により、いまの事業所に通い続けて半年ほどたっています。
　お母さんの話ですと、ここ1年くらい自宅に戻ると、「女の子になりたい」と何度も何度も繰り返し訴えるようになったということでした。
　たとえば、朝起きてきて、ひげが濃くなっていると、ひげそりを渡して、きれいに剃るように何度も要求してきます。また、ペニスが勃起をすると、男であることを思い出すのか、自分の着ている男

物の服をビリビリに破いたりします。時に、家の壁やふすまにあたり、穴を開けたり、破いたりもします。こうしたことがここ1年以上も続いています。

作業所に来ていても、突然、不安になると、お母さんに、日に何度も何度も「女の子になりたい」と、電話をかけます。

現在の作業所では、部品加工の仕事の方は、まじめにこなしています。ただ、人間関係は苦手で、特定の女性職員とようやくつながっています。ことばへのこだわりが強く、ブツブツと独り言が多いです。よく聞いてみると、勝手に一人しりとりをしています。

お母さんの話ですと、養護学校の高等部を卒業するまでは、このようなことを言い出すことはなかったようです。

地元の工場で働いていた頃、同級生の女の子の家に遊びに行ったことがありました。この時、女の子の部屋で、彼女と二人きりでいました。帰ってきた彼女の父親に見つかり、かなりの勢いで「年頃の娘の部屋に二人でいるとは!」と叱られたそうです。このことがあってから、「女の子になりたい」と頻繁に言うようになり、自傷的な行為も出るようになりました。もしかすると、父親に部屋から引きずり出されたようなこともあったかもしれません。

作業所での満さんの様子を伺うと、特定の女性職員とは、しりとり遊びの相手をしてくれており、やさしいことばもかけくれているので、うまくいっていますが、厳しめの男性職員は苦手で、避けています。特に女らしく振る舞うこともないということもわかりました。

お母さん自身は、彼女の部屋で父親に叱られるまでは、こんなこ
とはなかったので、いわゆる「性別違和症候群」ではなく、女の子
になれば彼女とまたいっしょにお話ができ、仲良くなれると強く思
い込んでいるからだとみています。

　こうした相談のむずかしさは、本人に直接会って話をすることが
すぐにできないことです。わたしが直接会っても、本人の困り具合
もわからず、うまく受けとめることもむずかしいこともあります。ま
た、母親も同様で、会って、事実関係も含めて、いろいろ聴きなが
ら相談できません。あくまでも、山田さんのお話を聞きながら、山
田さんの事業所における支援のあり方をいっしょに考えるという「立
ち位置」で相談を受けることにしました。
　山田さん自身の困りごとは、お母さんにどのようなアドバイスを
していけばよいのかということでした。作業所では、おとなしく仕
事をしているので、特に支援上困っていないからです。でも、本人
からもうまく話を聴くことができ、本人自身が家で暴れないように
できるような支援の方法も、できれば教えてほしいということも話
されました。
　山田さん自身も、お母さんと同様に満さんは、「性別違和症候群」
であるわけではなく、強く叱られたことが心の傷として深く記憶に
残り、彼女と友だちになりたいという気もちもいまだに強くあるこ
とが、大きな要因としてあると考えておられました。こうした事態
への自閉性しょうがい特有のこだわりがある適応の仕方が、満さん

の行動として表現されているという見立てです。

　山田さんとは、お母さん対応と満さん対応の二つに分けて、整理をしてみました。

　お母さんへの対応です。お母さん自身には、いわゆるトランスジェンダーについての偏見もあって、満さんが「性別違和症候群」であることへの強い不安があります。おそらくは彼女の父親に叱られた深い心の傷と、自閉性スペクトラム特有のこだわりの重なりが要因だろうということを伝えます。それでも、「女の子になりたい」といういまの気もちはほんとうなので、この気もちは否定せずに、服装などでは、満夫さんののぞみをかなえてあげる方向での対応が必要であることを伝えることにしました。

　満さん自身については、満さんが信頼している作業所の女性職員が、いまの満さんの心配事の相談に、ゆっくりのっていくことからはじめてみようということにしました。「頻繁にお母さんに電話をかけているけれど、何か心配なこと、困っていることはないの」と話を聴くことからです。

ヘルパーさんへのセクシュアル・ハラスメントへの対応は？　その1

56歳の脳性マヒの男性、相談支援専門員と基幹相談支援センターの職員からの相談

　特定の女性ヘルパーさんに性的なことばをかけたり、おしりを触ったりする男性への支援の相談です。

脳性マヒの青木さんのこと
　青木さんは、56歳の脳性マヒの男性です。父親は本人が50歳の時に亡くなっています。母親は、2年ほど前に脳梗塞で倒れ、近所の特別養護老人ホームに入所しています。いまは、父と母が残したマンションで一人暮らしをしています。きょうだいはありません。
　知的な遅れはみられません。言語は、慣れると聴き取ることができる程度です。特に上半身にマヒが強く出ています。食事、排せつ、着替え、入浴などはほぼ自力、一部の介助でできています。これまでは母親がやってくれていました。母親が倒れた後は、ヘルパーを利用しています。一日4時間、朝、昼、夕方に時間を分け、日常生活と身体介護のケアを受けています。
　介助年齢による二次障害も出てきており、自宅にいる時は何とか

Part1 相談支援事例編

歩行をしていますが、いまは外出時は、電動車いすを利用していま
す。

　45歳の時までは、自立支援センターでパソコンのデータ入力など
の仕事をしていました。二次障害でからだの動きが悪くなったこと、
職場の同僚との関係がこじれたこともあって、この時から、在宅の
生活をしています。母親が倒れた後は、ほとんど外出もしていませ
ん。一日中、パソコンとテレビの生活です。どうもパソコンでは、
アダルトサイトにはまっているようです。

ヘルパーさんへの性的な行為

　今回の相談は、青木さんのサービス等利用計画を立てている相談
支援専門員の広瀬さんから、自分一人では解決できないからと、基
幹相談支援センターに相談がありました。

　広瀬さんの話では、ヘルパー事業所のサービス提供責任者の安藤
さんから、青木さんのところに派遣している何人かの特定の女性ヘ
ルパーに「ぼくとセックスしてほしい」「オナニーの手伝いをしてほ
しい」「いっしょにアダルトビデオを見たい」などの声をかけ、すき
をみて時におしりに触ったりするので、その対応に困っている。こ
のままでは、青木さんのところにヘルパーを派遣できない。計画作
成をしている相談支援専門員として、何とかしてほしいという連絡
があったということです。

　安藤さんから話を聞いた広瀬さんは、すぐに青木さんの自宅に訪
問をしました。そして、事実を確認すると、叱りつけるような言い

方で、二度としないことと、今度、こんなことをヘルパーさんに言うと、ヘルパーを利用できなくなることをきつい言い方で伝えました。この時は青木さんは、シュンとした表情で、広瀬さんの話を聞いていたとのことでした。

　2、3週間は、青木さんも、ヘルパーさんに卑猥なことばをかけることはなかったですが、また、こうしたことばをかけるようになりました。安藤さんから連絡を受け、広瀬さんが注意をすると、2週間ほどは、言わなくなりますが、しばらくすると繰り返します。こんなことが二度、三度と続きました。

　こうして困った広瀬さんが、基幹相談支援センターに相談し、この地域の相談員の今井さんから、わたしのところにアドバイスがほしいと連絡があったのです。

まずは関係者が集まる支援会議から

　相談支援専門員の広瀬さんだけではなく、サービス提供責任者の安藤さん、そして、よく青木さんからわいせつなことばをかけられるヘルパーの木村さんにも集まってもらい、今井さんといっしょに青木さんの支援会議を開催してもらいました。わたしもこの会議に参加をして、青木さんのことを理解しながら、みんなで適切な対応を考えることにしました。

　個別に広瀬さんにアドバイスをしても、うまくヘルパーさんにまで伝わらないこともあります。また、直接支援の場で対応に困っているヘルパーさんが困らずに対応できるようになることが、この事

例の場合は、大切だと判断しました。

青木のさんの行為をどう見立てるか

　まずは、青木さんと青木さんの行為を理解するために、できごと
の様子やこれまでの生活など、青木さんに関する情報を集めること
からはじめました。一番困っていて、適切な支援を必要としている
のは、青木さん自身ですから。サービス等利用計画の作成もはじまっ
たばかりなので、広瀬さんも、青木さんのことがよくわかりません。

　いろいろとわかるだけの情報を集めていくと、母親が入院してか
らは、一人での生活が長く続き、さびしい気もちが強いこと、アダ
ルトサイトばかりを観ていて性欲がつのり、女性に対する感覚もマ
ヒしてきていること、自慰がうまくできているかどうかの確認がで
きないこと、叱られるだけでわかってもらえないので、繰り返して
しまうことなどが考えられる、というようにまとめていきました。

　手立てと取り組みの結果は次回にお話しします。

ヘルパーさんへのセクシュアル・ハラスメントへの対応は？　その2

56歳の脳性マヒの男性、相談支援専門員と基幹相談支援センターの職員からの相談

　前回の続きです。何人かの特定の女性ヘルパーさんに、「ぼくとセックスしてほしい」「オナニーの手伝いをしてほしい」「いっしょにアダルトビデオを見たい」などと声をかけ、すきをみて時におしりに触ったりする青木さんという56歳の脳性マヒの男性に関する相談でした。
　このままでは、青木さんのところにヘルパーを派遣できないとヘルパー事業所の責任者の安藤さんから、計画作成をしている相談支援専門員として何とかしてほしいという連絡があった広瀬さんが困ってしまい、基幹相談支援センターの今井さんに相談、この今井さんからわたしに相談があった事例です。

　前回は、まずは関係者が集まって、青木さんのことを共感的に理解をして、共通認識をもつことを目的にした支援会議の場における「見立て」とこの「見立て」の大切さについて、いろいろとわかるだけの情報を集めていきました。
　この時の「見立て」の要点は、「母親が入院してからは、一人での生活が長く続き、さびしい気もちが強いこと、アダルトサイトばかりを観ていて、性欲がつのり、女性に対する感覚もマヒしてき

いること、自慰がうまくできているかどうかの確認ができないこと、叱られるだけでわかってもらえてないので、繰り返してしまうこと」でした。

役割分担しながらの「手立て」の確認

ホワイトボードに青木さんのしょうがいの程度や現在の生活環境やこれまでの生活の歴史をまとめていきながら、見立ての要点をまとめつつ確認したあとで、では、これから誰がどのように青木さんと関わっていくのかという話し合いをしました。

ヘルパーの木村さんは、既婚者で30代の女性です。ヘルパー事業所の責任者の安藤さんも30代の女性です。利用計画を立てている広瀬さんは50代の女性、基幹相談支援センターの今井さんが唯一30代で男性でした。こうした話は、女性のみからは伝えにくいということで、まずは、今井さんが、ヘルパーさんが困っていることも伝えながら、青木さんの気もちとねがいを聴いてみることになりました。

そして、今井さんが青木さんの気もちとねがいを聴いた後で、また、今度は、今井さんと広瀬さんが、二人で、青木さんと話をして、これからの支援の内容とヘルパーさんへの接し方について、納得をしてもらえるようにお話をするという段取りを確認しました。

今井さんの取り組みから

今井さんは、同じ男性ということで、青木さんがダメなこと、叱

られるけれど、言ってしまう、触ってしまう青木さんの気もちを聴き取ることができました。

　自慰の方は、手のマヒと拘縮が強くなり、もうかなり前からうまくできていないということでした。勃起はしていて、マヒのある手でこするのだけれども、うまく射精することができないということも話していただけたようです。

　今井さんとも相談をして、ゴム製品の女性器のバイブレーターをお薦めしてみました。インターネットで簡単に購入することができます。手入れもできるだけ簡単なもので、清潔に使えるものを選ぶようにしました。値段も飛び抜けて高いわけではありません。

　うまく自慰ができなくて困っているのであれば、こうしたものを使うことは、何も恥ずかしがることはないということも、伝えていただきました。

今井さんと広瀬さんの取り組みから

　男性同士のお話をしていただいた後で、今度は、今井さんと広瀬さんとで、ヘルパーさんに性的な話をすることは、本人も傷つくこと、今後、青木さんの生活の支援を続けていく時に、支援をしてもらえるヘルパーさんがいなくなってしまうことを青木さんに率直に伝えていただきました。

　本来ならば、同性介助が望ましいです。身体介助はなんとか同性介助のヘルパーを派遣できていますが、家事援助まではむずかしいのが実態です。また、青木さんも、家事援助は、女性のヘルパーさ

んがよく、女性たちと話もしたいというねがいも出されました。
　こうしたこともあって、相手を傷つけるような性的なことばは、言わないようにしたいという話し合いも、そこそこうまくできたようです。
　広瀬さんには、利用計画のなかで日中の活動も取り入れて、そこでの女性との交流も提案してみました。

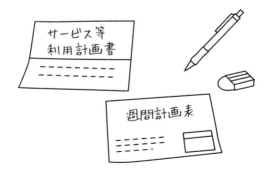

人前で激しい自慰を行う女の子、どうすればよいでしょう？

小学部 3 年生、知的にはかなり重く、自閉傾向も強い女の子、放課後等デイサービスの職員からの相談

　今回は、ある放課後等デイサービスの事業所の事例を取り上げます。

　美紀さんという小学校 3 年生の女の子です。地元の特別支援学校に通っています。支援者の困りごとは、「大の字に寝転がって、服の上から、ぐりぐりと性器を触っている。見つけると、『しないよ』と声をかけながら、手を外している。でも、スタッフが見ていないスキをついて行う。最近になってより強く性器をこするような自慰をするようになり、時に下着の中にも手を入れるようになってきた。母親からは、きつくやめさせてほしいと言われている。どうしたらよいのか」という相談でした。

　性に関する相談は、「どうしたらよいのか？」という「手立て」「方法」を具体的に教えてほしいという問いが多くなりがちです。支援者や保護者の方は、「やめさせたい」という思いが強く、ほんとうにどうしたらよいのかわからず、困っているからなのですが。こんな時も、できるだけ「どう考えたらよいのか」という「見立て」の問いに変

換して、まずは「行動」の意味を子ども本人を中心にして、支援者たちといっしょに考えるようにしています。この時も、職員さんたちといっしょに基本的な情報を確認しながら、「見立て直し」の作業をしていきました。

　美紀さんの機能しょうがいは、発語はなく、かろうじて支援者の日常の簡単な指示のことばは理解できる程度で、知的にはかなり重く、自閉傾向も強いとのこと。支援者のみなさんのお話を総合して判断すると、1歳半の節目がまだまだのところです。実際に発達検査をしたわけではないので、あくまでも推測ですが。

　家族は、父と母と父方の祖母、そして、一つ下の妹がいます。妹には、機能しょうがいがありません。妹との関係は、悪くはなさそうです。

　この放課後等デイサービスには、小学校1年生の時から週4日通ってきていました。いまは、週3日です。もう1日は、お母さんの希望で、別の放課後等デイサービスの事業所に通っています。この事業所は、絵カードのマッチングなど、訓練的なカリキュラムを「売り」にしているようです。この事業所に通い始めたのは、4か月前で、この頃から自慰がひどくなってきました。

　この放課後等デイサービスでのスタッフとの関わりはこんな様子です。本人が好きな積み木のおもちゃで一人遊びをすることが多く、それに飽きると、すぐに性器を触ります。スタッフが、「しないよ」と声をかけつつ、手をはずし、積み木のおもちゃを与えると、5分ほどは遊んでいるのですが、すぐに飽きてしまいます。いっしょに積

み木を積んだり、崩したりということをしようとしても、なかなか興味を示してくれません。

　スタッフが、他の子どもたちに気をとられたりしていると、またすぐに性器を触り始めます。こうして注意をするとその時は止める。でも、目を放すとすぐにやり始めるといういたちごっこが続いていました。

　まずは、情報を集め、意味づけて分析しながら、できるだけ想像力を駆使して、本人の気もちに近づけるようにします。いわゆる共感的な理解を深めます。

　自慰をすることは悪いこと？　止めさせること？　と、職員たちの価値観を徹底的に揺さぶっていきました。クリトリスを触ると、気もちよく、心地よいですね。自分のからだは自分のもの。自分の性器を傷つけるような自慰でなければ、大丈夫。どうしてこの行為を止めさせなければならないのか？　納得できる説明ができますか、と。人前ですることは、やっぱり問題だという意見が出てきます。そうしたら、他の子どもたちから見えないスペースがあるので、そこに誘導して、気がすむまでやっていいよという声をかけてみては？

　「女の子だから」という意見には？　どうして女の子は、自慰をしてだめなのか？　母親から止めさせてと言われている。子どもの味方？　親の味方とか手先とか、どっち。やっぱりスポンサーには弱い？　大切なことは「子どもの最善の利益」（子どもにとって最もよいこと）をいっしょに考えていくことではないか。そして、まだ友

人との関係づくりがむずかしいので、人手が少ない中でも、職員とのやりとりの工夫を考えていきました。

　また、新しい放課後等デイサービスに通い出してから、激しくなったというところに注目しました。この放課後等デイサービス、個別の訓練学習を売り物にしている塾のようなところです。ここでお母さんは、「娘さんはまだまだ訓練すれば伸びる」というようなことを言われ、すっかりその気になっていること、できれば今の放課後等デイサービスの4日間を減らして、こちらの放課後等デイサービスに振り向けたいという希望が出ていることもわかってきました。学校で学び、放課後等デイサービスでも本人にはかなりストレスな訓練的な学習をさせられていることもわかってきました。サービス等利用計画を作っている相談員からの話です。このようなストレスが自慰を激しくしている可能性があることも確認しました。

　こうした「見立て直し」をしながら、事業所での支援と母親との対話の内容について、今後の具体的な手立ての内容について、職員の中で役割分担をしながら、つめていきました。

ペニスの洗い方、
どう教えたらよいですか?
銭湯学習の成果

小学校6年生、中度の知的しょうがいと自閉性しょうがいのある男の子、お母さんと放課後等デイサービスの職員からの相談

　ある放課後等デイサービスの場での相談事例です。小学校6年生の昌史くん。中度の知的しょうがいと自閉性しょうがいがある元気な男の子です。

　久司くんには、3歳年上の中学校3年生のお姉さんがいます。お母さんは、久司くんが4歳の時に、お父さんと離婚をしています。お母さんのお話では、お父さんは久司くんの機能しょうがいを受けとめることができませんでした。多動であれこれと失敗の多い久司くんをどなりつけるだけではなく、時に手を出すこともあったようです。そんなことで口論も絶えず、離婚をされました。

　この相談は、この放課後等デイサービスで「思春期のしょうがいのある子どもたちのセクシュアリティの学習会」をした後で、久司くんのお母さんから受けました。途中から、男性指導員の道本さんにも、加わってもらいました。

Part1　相談支援事例編

　主な相談の内容は、次のようなものです。

　久司くんは、二次性徴をむかえ、性毛も生えてきたようです。精通については、まだかもしれないと、わたしの話を聞いて改めて知ったお母さん。入浴もこれまではいっしょに入っていました。ペニスをていねいに洗うようなこともしてきませんでした。包茎についても無関心なままでした。わたしに、もうお母さんも裸になっていっしょにお風呂には入ってはいけないと言われ、なるほどと思いながらも、ペニスの皮をむいて洗うことを教えるとか、今さらできそうもないし、母子家庭で、上の子は娘だし、いったいどうしたらよいのかという相談でした。

　放課後等デイサービスでは、若い女性指導員に対して、関心はでてきていますが、それよりも、同級生の友だちの優くんや博人くんたちと指導員の道本さんともいっしょに、外でサッカーなどからだを使って遊ぶことに夢中なようです。同級の女の子にも、それほど意識をしている様子は見られません。これから本格的に二次性徴に入り、異性への性的な関心も芽生え、同時に自慰などを覚えながら、性欲のコントロールの仕方を彼なりに獲得していく少し前の段階のようです。

　わたしは、お母さんのお話を伺いながら、道本さんに、土曜日の午後の「銭湯学習」を提案しました。

　幸いこの地域は下町で、古くからの銭湯がまだ残っていました。

103

なければ、流行のスーパー銭湯でもよいですが、銭湯に比べて、少々お金がかかります。

　せっかくの機会なので、久司くんだけではなく、優くんや博人くんもいっしょに連れて行って、男同士のはだかのつきあいをしてみてはと、提案しました。

　このような取り組みについては、既に別の放課後等デイサービスでの実践報告を聞いていました。この実践では、確か軽度の中学生だったのですが、男の性の絵本でペニスのしくみや包茎や洗い方について、それから、からだの洗い方、銭湯でのかけ湯のマナー、頭の洗い方なども事前に学習をしてから、銭湯に出かけていました。

　道本さんには、こうした実践があることと、実践の中で押さえたいポイントについて、簡単に説明しました。手頃なペニス模型も貸して、亀頭、ペニス、包皮、陰嚢など説明、具体的な洗い方などを事前に子どもたちと学ぶこともすすめました。

　そして、精通のことも触れておくと、白い液が出た時に、子どもたちは、「病気」だと勘違いして、びっくりすることもなくなるからと、話しておきました。

　他の２人の子どもたちの家族の方にも、こんな取り組みと学びをしますとプリントで説明をしました。幸いどの保護者の方も乗り気で、すてきな銭湯学習をすることができました。

　日程の都合がつけば、おじさんのわたしも参加したかったのですが、残念ながら、いっしょに行けませんでした。

　銭湯学習の後で、指導員の道本さんからメールがありました。

✉ 木全先生へ

　子どもたちと銭湯に行ってきました。自分もスーパー銭湯に行ったことはあったのですが、地域の昔ながらの銭湯に行ったのははじめてでした。騒いだりするのが心配でしたが、土曜日の午後の早い時間だったので、数人のお年寄りの他はお客さんはいませんでした。

　子どもたちは、神妙に、教えた通りにかけ湯をしたり、からだを洗ったりして、「熱い、熱い」と言いながら、楽しそうにお湯に浸かっていました。

　久司くんの隣に座って、ペニスの洗い方を教えました。ちょっと恥ずかしかったですが、自分の洗い方を見せながら教えると、久司くんは、よく観ててくれて、いっしょうけんめい自分のペニスの皮をめくって、洗っていました。皮をむくのははじめてらしく、ちょっと痛そうでした。でも、石けんのなめらかさもあって、うまくむけました。きつい包茎ではなくてよかったです。

　『テルマエ・ロマエ』（ヤマザキマリ、エンターブレイン）で絶賛された日本銭湯文化。男同士のはだかのつきあい。性毛の生え具合の比較など個人差の確認、「違いはOK」の実物教育。他のおとなたちとの会話。子どもたちの性と生の学びにはうってつけの場所ですね。

知的しょうがいのある弟の性、どう受けとめたらよいのですか？

高等部2年生、重い知的しょうがいと自閉性しょうがいのある男の子、きょうだい（姉）からの相談

　今回は、きょうだいからの相談です。
　知的しょうがいのある弟がいる広子さんから、弟の入浴の介助のことで相談がありました。

　広子さんは、大学の2年生です。自宅から通っています。三人きょうだいの長女です。すぐ下の弟に重い知的しょうがいと自閉性しょうがいがあります。弟の裕司くんは、地元の特別支援学校の高等部2年生です。一番下は、妹です。地域の中学校の3年生です。機能しょうがいはありません。お父さんは、会社員。お母さんは、広子さんが生まれた後も、広子さんを保育園に入れて働いていましたが、裕司くんが生まれ、機能しょうがいがわかると、仕事を辞めざるをえませんでした。
　広子さんは、物心ついた時から、裕司くんの療育にかかりきりとなりがちなお母さんを助ける、けなげなお姉さんを演じてきました。保育園の年長さんの時には、裕司くんの療育にいっしょについていき、世話もしたので、療育の保育士さんにほめられた記憶があると

話してくれました。裕司くんが、特別支援学校に入学すると、学校は別々になりましたが、買い物などの外出の時や自宅で母親が夕食を作っている時など、日常的に裕司くんの世話をしていました。

　妹が生まれると、お母さんは、子育てにさらに忙しくなったので、着替えや食事の介助などなど、裕司くんの世話をあれこれとする生活が続きました。

　お母さんも「ありがとう」とよく言ってくれているし、仕事の忙しいお父さんも、それなりに裕司くんには、接してくれているし、お父さんからも、「よくやってくれている、ありがとう」と言われたので、こうした言葉を受けとめて、自分でもがんばってきたという思いを語ってくれています。

　これまでは、お母さんにも「悪い」という気もちもあって、自分の思いを語ることはありませんでした。でも、大学生になり、講義で性と生のことなども学び始めると、自分の弟に対する介助などの接し方に迷いや疑問が出始めたということでした。

　広子さんの一番の悩みは、弟の入浴介助です。裕司くんは、中学生になると、ぐんぐん身長も伸びました。中3の時には、170センチを超え、りっぱに二次性徴も起こり、声変わりもして、性毛も生えています。広子さん自身、小学校の高学年の頃までは、母と弟と妹ともいっしょに入浴をしていました。初経があった後は、さすがに一人で入浴をしています。

　母親は、裕司くんといまでも、裸になっていっしょに入っていま

す。母親が忙しそうにしている時には、裕司くんの入浴を手伝います。さすがにいっしょに裸では入ることはしていませんが、短パンとTシャツで裕司くんのからだを洗います。石けんをつけたスポンジで裕司くんが洗えない背中なども洗っています。シャンプーも苦手なので、シャンプーハットをかぶらせて、頭をごしごし洗ってから、目をつぶらせて、シャワーをかけています。少し目を離すと、石けんやシャンプーで遊んでしまうこともあるようです。時に、裕司くんのペニスが勃起をしてしまいます。こんな時は、とても恥ずかしい気もちになるようです。

　大学の講義で、「同性介助」が原則であるという話を聞くと、どんなに機能しょうがいが重くても、またいくら母親であったも、思春期以降は、いっしょに入浴することは、おかしいとも思うようになりました。

　思い切って、母親に言うと、「家族なのに何を恥ずかしがっているのかわからない」「恥ずかしいと思うことが恥ずかしい」と言われてしまったということです。こんなふうに言われてしまい、それ以降は、自分の恥ずかしさやつらさが、伝えにくくなってしまいました。

　また、この頃は、家の中でのパニックも強くなり、時に母親を強くつねったり、独り言も多くなったと言います。もしかすると、弟も、少しは親離れを意識して、反抗期？をやっているのではないか？自慰のことも学んだこともあって、もしかしたらうまく性欲のコントロールができていないのではないか？　という疑問ももちはじめました。そして、姉としてどのように弟と関わったり、母や父に伝え

たりできるのかと、悩んでいました。

　大学の中で、しょうがいがあるきょうだいがいる学生たちが定期的に集まり、交流している「きょうだいの会」でも、セクシュアリティに関することは、なかなか話し合えないということでした。支援者として応援できることでも、自分のきょうだいとなると、なかなか認めにくいこともあると語ってくれました。

　中学生の妹とも、思い切って話をしてみたそうです。妹の方は、受験で忙しく、姉ほど深刻に受けとめ切れていないようでした。

　わたしの方も、広子さんのお話を聴きながら、まずは、母親にも裕司くんがおとなになりゆく存在であること、この時に性と生の支援も欠かさないことをどうしたら理解してもらえるのか、きょうだいでも、女性のきょうだいが、母親と同じようにケアの担い手になりやすこと、時に男性のきょうだいが、妹のトイレの介助をやってくれる人がいないのでしている現状もあることなどを、こうした実態も含め、いっしょに考えていこうと提案しました。

おすすめの書籍
『障害のある人とそのきょうだいの物語――青年期のホンネ』
近藤直子・田倉さやか・日本福祉大学きょうだいの会編著
2015年、クリエイツかもがわ、本体1000円
日本福祉大学での取り組み「きょうだいの会」のメンバーが、過去を客観的にふり返り、将来と真摯に向きあいながらホンネを綴っています。

「気をそらす」指導以外に
よい方法は？

高等部1年生、自閉性しょうがいと知的しょうがいのある男の子、特別支援学校の教員からの相談

　隣県の特別支援学校で開催された、性と生をテーマにした教員研修会に講師としてお招きいただきました。その時の高等部の山本先生からの相談です。教師になって3年目。20代の若い男性教員です。

　特別支援学校の教員免許はあるものの学生時代は支援学校の実習以外には子どもたちとの関わりはなかったようです。先輩たちの指導の方法に学びながら、何とか見よう見まねで実践をしてきたというお話です。しかも、小学部から高等部に移動して1年目。担任ということもあって、保護者の方との対応も含めて、緊張の連続のようです。

　そんな山本先生から校内研修の後で、時間をとってほしいということで、相談がありました。研修の前に困っている事例として出していただいた中の一つです。気になっていましたが、時間がなくて、研修の中で取り上げることができなかった事例です。1時間ほど相談室でお話を聴くことになりました。

　相談したい生徒の名前は、1年生の太郎くんです。高等部入学後、特に女性に対して、興味が増しているようです。相談のおおよその内容は次の通りです。

太郎さんは、自閉性しょうがいと知的しょうがいのある青年です。2〜3語文でのコミュニケーションが可能ですが、一方的なことが多く、こちらからの問いかけはエコラリアでの返答が多いです。知的なちからは、3歳ぐらいとのことでした。

この太郎くん。何人かの気に入った同級生の女子の後をついて回ったり、廊下からじっと見つめたりします。

山本先生は、太郎くんのお母さんと相談され、学校では、太郎くんが、つけ回すようなことをすると、太郎くんの好きな電車の話をしたり、歌を歌うなどして、女の子から気をそらすような指導をしているとのことでした。結果的には、その場では、何とか収まりますが、見ていないところでは、また、始まってしまいます。

そして、いまは、女性のキャミソールなど肩ひものある服にも執着しています。また、放課後等デイサービスのお迎えの若い女性のTシャツの首元をつかんで広げて中を見ようとしたりといった行動もあります。

相談の内容は、こうした太郎くんのような思春期の生徒で、異性への興味・関心が強くて、それが不適切な行動となって表れてしまう場合、気をそらす以外にどんな指導がよいでしょうか？　というものでした。

よくある「指導」でやってほしくない、「『指導』とは言えない『指導』」は、「恵子さんをつけ回しません」という言葉をオウム返しで「恵

子さんをつけ回しません」言わせるものです。他には「触りません」「近づきません」というものもあります。「警察につかまります」「おまわりさんに叱られます」という脅しのような言葉をエコラリアの特性を利用して、言わせる教師もいます。こうした「指導」でこのような行動が収まることはほとんどありません。太郎くんの行動も、同じでした。だから、山本先生も悩まれていたと思います。

　思春期になると、太郎くんのように、異性に興味や関心をもつようになるのは、ある意味、自然であたりまえのことですね。山本先生は、興味や関心をもつことは何とか受けとめようとしていましたが、太郎くんの母親の「将来、加害者になる」という心配や、つけ回される女生徒からの訴えを思うと、何とかこうした行為を止めさせるよい方法はないかだけに視点がいってしまいます。同僚の教師たちからは、もっと厳しく、びしっと指導しないと、という圧力もあるようでした。

　はじめの15分くらいは、こうした山本先生の苦悩や葛藤について、あいづちを打ちつつ、「たいへんですね」「ご苦労されていますね」とねぎらいながら、話を聴きました。

　一通りお話を聴いた後で、山本先生に、太郎くんの行動の意味について、もう一度、いっしょに整理をしつつ考えましょうと、提案をしました。あれこれと「手立て」を考える前に、まずは「見立て直し」の作業をやりましょうと、仕切り直してみました。そして、次のような「問い」を立てながら、いっしょにホワイトボードにキー

ワードとその関係を書き込みつつ、考えていきました。

①太郎くんは、具体的に何に興味・関心があるのでしょうか？

②どんなことが満たされないから、こうした行動に出ているのでしょうか？

③太郎くんは、女生徒や放課後の若い職員とどのような関わりをしたいとのぞんでいるのでしょうか？

④そのためにどのようなことを知りたいとねがっているのでしょうか？

⑤特に異性との関わり方として、どのようなちからをつけたいとねがっているのでしょうか？

⑥こうしたちからをどのようなやり方で身につけたい、身につけることができると、太郎くんなりに考えていると思いますか？

⑦必要な学びを実践する時の具体的な困難や課題は何ですか？

など、こうした問いを立てながら、一つひとつ太郎くんの学校生活を一度、太郎くんの視点で、太郎くんを理解していくための「見立て直し」の作業をしていきました。

自宅に帰ると
全裸になってしまうのですが

高等部2年生、重い知的しょうがいと自閉性しょうがいのある女の子、特別支援学校養護教諭からの相談

　ある特別支援学校の養護教諭の方からの相談でした。学校に訪問させていただき、取り組んだ実践です。

　高等部2年生の明菜さん。重い知的しょうがいと自閉性しょうがいがあります。知的な認識は3歳から4歳ぐらい。こだわりはかなり強く、パニックになると飛び跳ねながら手を噛むので、右手の小指の下に噛みダコができています。
　月経が始まったのは、中学2年生の時。特に直後から、寝る時に、裸になってしまうこだわりがみられるようになりました。学校では、何とか制服を着ることができています。また、体操服も大丈夫なのですが、寝る時は、裸でないと眠ることができません。自宅では、母親の話では、月経の時には、布団を包むように工事現場で使うブルーシートを敷き、対応をしています。学校での月経時の困りごととしては、月経用のパッドが気になり、時に、自分で外して、教室の窓から外に投げたりすることもあるということでした。こうした行動をうまく止めさせることができないでいました。

Part1　相談支援事例編

　わたしが相談にのる前の出来事です。学校の行事で2泊する宿泊
学習がありました。この時は、月経ではなかったのですが、寝る時
に裸にならないようにするためにどうするかと、母親も先生も悩ん
でいました。

　母親から出された案が、自動車整備の作業員が着るようなつなぎ
の服を着せ、ベルトをして、ベルトのところに小さな南京錠をつけ
て、つなぎ服が脱げないようにするというものでした。担任の先生
も養護教諭も、ほんとうにこの方法でうまくいくかどうか不安でした。
でも、お母さんからの提案でしたから、とりあえずつなぎの服で挑
戦してみました。裸になると困るということもあって、他の子ども
たちとは別に担任の先生と明菜さんの二人だけの部屋で寝ることに
なりました。

　さて、当日の夜です。お母さんに言われていたこともあってか、
つなぎの服を着るところまでは、納得してできました。南京錠もか
けることができたのです。そして、2枚布団を並べ、小さな電球だけ
にして、「お休みなさい」もできました。それからです。明菜さんは、
どうも布団に入ると、いつものように裸になろうとします。でも鍵
がかかっているので、脱ぐことはできません。先生は、寝たふりを
しながら様子をうかがっていました。パニックにはなりませんでし
たが、起き上がると、先生のかばんの中など、あちこちと鍵を探し
始めました。そして、いつまでもごそごそと探し続け、眠る気配が
ありません。夜中近くになり、とうとう先生の方が根負けをして、
明菜さんに鍵を渡しました。

115

明菜さんは、鍵を受け取ると錠をはずし、布団にもぐって、ごそごそします。先生は、そのままにしておきました。その後、明菜さんは眠ったようです。朝起きた時は、明菜さんは、自宅のように裸になって眠っていました。こんな明菜さんに、学校で月経の時に、パッドを外して、投げたりしないことを伝えたいという、学びの支援の計画案を先生たちといっしょに考えました。それは、青年期の若ものたちの学びの特性を考えてのものでした。

　一つ目は、月経についての学習をすることにしました。同じ学年の女子を5人ほど集めて、助産師に借りてきた子宮の模型、3か月から9か月までの胎児人形。出産児の赤ちゃん人形。卵巣、卵管、子宮がある女性の内性器の模型を使って、排卵と月経のしくみをていねいに学びました。赤ちゃんを産むことができるからだになっていることと、月経は、赤ちゃんをおなかの中で育むための準備ということを伝えました。赤ちゃん人形を実際に抱っこしたりという体験もしました。

　二つ目は、同学年で、うまく手当てができている生徒さんにもちからを借りつつ、養護教諭の先生といっしょに、実際に学校のトイレで手当ての仕方を具体的にみながら練習をするということをしました。日頃から、明菜さんにやさしくしてくれる生徒さんです。そして、自宅でも、お母さんも同じように月経の手当てをしていることを、自宅のトイレでお母さんにもみせてやっていただくということもしてみました。

Part1　相談支援事例編

　そして、三つ目は、明菜さんがあこがれている先輩の男子生徒にも、協力をお願いしました。この先輩は、フライングディスク大会などでも活躍していて、明菜さんが、時々、眼で追いかけ、好意をもっていると、教員たちも気づいていた生徒です。この生徒さんに、明菜さんがパッドを投げてしまった時に、「恥ずかしいなぁ」と明菜さんにわかるように言ってもらいました。
　もう一つ、ショーツに縫い付けるタイプの何度でも洗える布ナプキンも使ってみようということも考えてみました。

　どのことがよかったのかわかりませんが、明菜さんは、パッドを投げることはなくなりました。いつもいつもこれでうまくいくわけではありません。いろいろ情報を集めながら、見立てをして、具体的な手立てをあれこれと創意工夫と試行錯誤を繰り返しつつ、あきらめることなく、取り組んでいくことが大切だと学びました。

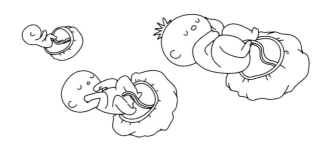

Case 28
電車の中でペニスを触っているところを動画に撮影され、ネットに流されてしまって

17歳、軽度の知的のあるダウン症の青年のお母さんからの相談

　道夫くんは、17歳のダウン症の青年です。人なつっこいところもあり、地域のダンス教室にも通っています。踊りは、観ていても、からだの動きもキレもよくて、抜群です。

　お母さんの努力もあってか、本人もがんばって勉強をして、知的には軽度の遅れはありますが、中学卒業後は支援学校の高等部ではなく、高校卒業の資格も取得できる専門学校に通っています。

　お母さんとは、本人たちのダンスの発表の後、親の会の講演会で知り合いました。講演会後、3か月が過ぎた頃でしょうか、お母さんから相談のメールがあり、お目にかかって、お話を伺うことになりました。相談内容は、おおよそ次のようなものでした。

　本人は、朝早く起きて、電車で1時間ほどかかる専門学校まで通っている。どうも電車の中で、ときどきズボンの中に手を入れて、ペニスを触っていた。それを同級生の男の子にスマホで動画の撮影をされてしまった。その動画が、友だちの間で共有されている。載せた同級生ではなく、それを観た友人が、本人に知らせ、本人が母親に相談をしてきた。学校にもすぐに行って、状況を知らせた。載せ

118

Part1　相談支援事例編

た生徒は、指導を受けた。削除するように言われ、友人間では、一定、削除されたようだが。今後、どうすればよいのか。

　お母さんには、お話をうかがったあとで、「たいへんでしたね」とつらい思いをされたことを受けとめました。「息子が電車の中でそんなことをして」という困惑と、動画を撮って載せてしまった生徒への怒りと、学校の対応があまりしっかりしていなかったことへの不満と、もしかしてダウン症は見た目でわかるので根深い「いじめ」があるのではという心配と、息子には今後どのように対応していったらよいのやらという悩みと、こんな気もちがいろいろ入り交じって、悩まれていることがわかりました。

　お話を一通り伺いつつ、こうした気もちを整理しながら、「いま息子さんは、このことをどのように受けとめているのでしょうか？」と、聞いてみました。わたしも、このことが一番気になっていたからです。すると、お母さんは、「全然、反省がなくて」と言われます。その時は、少しショックでしょげていたようですが、その後は、ダンスの練習もいつも通り楽しんでいるし、家でも、DVDを流しながら、テレビの前で踊っているとのこと。
　わたしの方は、反対に、少し安心をしました。本人にも、多少の傷つきはあると思うですが、それほどされたことの重大さも親が思うほどわかっていないのかもしれません。青年らしく、もう触れたくないことかもしれません。ダウン症の青年らしく、目の前の楽し

さに没頭できるよさもあるのでしょうか。

　あれこれと調べてみましたが、ネットに拡散された写真や動画を
すべて削除することは、かなりむずかしいことがわかりました。こ
このところは、子どもたちとの学習が必要です。学校でも、こうし
た学習に取り組まないと、ほんとうに気もちを傷つけることが起き
てしまいます。その時には、仲のよかったカップルがキスをしてい
る動画を載せたりするサイトもありますが、別れた後のことを考え
ると、ほんとうに大丈夫かと、思ったりします。
　今回は、一方的に撮られて載せられてしまったので、載せた生徒
に、自分のしたことについて、ふりかえってもらう機会も必要ですね。
できれば、第三者が立ち会って、謝罪もした方が、今後、同じこと
を繰り返さない動機にも、つながることと思います。
　この事例は、すっきりとした解決には、すぐにはつながりません
でした。弁護士さんと学校に行き、相手の保護者にも、というよう
な解決の仕方を、保護者の方も望まれませんでした。わたしも、そ
のような解決の仕方が、この件に関しては、ほんとうによいのかど
うかも、お話を聴きながらわからないままでした。

Part 2
相談支援実践理論編

〈しょうがい〉と〈セクシュアリティ〉の
相談と支援を行う時に大切にしていること

実践理論編のまえおき

　わたしの相談支援のいくつかの事例をお読みいただきました。自分でも読み返しながら、ふりかえってみて、まだまだ未熟な相談支援実践だと思います。

　もっとこのような言い方があった。後からつながったこんな社会資源を先に知っていたらもう少しうまくいったかもしれない。このようなつなげかたの方がよかったのではないか。本人を理解するためのこの質問が抜けていた。あれこれとちから不足を痛感させられます。

　今回は、事例とした出せなかったレイプや売春強要など性被害の事例、性加害がなかなか止められない事例、保健師と連携しつつ避妊の習得を支援したもののなかなかうまくいかず、子どもを乳児院に預けざるをえなかった事例、ネットに裸の画像を載せられてしまった事例などなど、うまく書ききれなかった事例については、載せることができませんでした。相談者の方も、相談を受けたわたしにしても、心から納得できるような解決にいたることはほとんどありません。少し見通しがついたかなぁと思うと、次から次へと課題が出てきます。本人なりの新たな成長ということもありますが、受けとめる側の未熟さが追い打ちをかけるようなこともあります。ほんとうに〈しょうがい〉と〈セクシュアリティ〉に関する相談支援というのは、奥が深く、むずかしいです。

　まだまだ十分に整理できていないところもありますが、わたしという一人のソーシャルワーカーが、特に〈セクシュアリティ〉と〈しょうがい〉についての相談支援を行っている時に大切にしていることについて、こ

Part2 相談支援実践理論編

れから書いていきます。基本的な理解を中心に、思春期・青年期の特徴、
用語の整理、共感的理解の方法などについてまとめてみました。

　いわば、相談支援実践をしていく時のもとになる基本的な考え方や枠
組みの整理です。この実践理論編は、大きく三つに分けました。

　一つ目は、機能しょうがいのある人たちの性と生について、特に、支
援や教育について、どのように考えたらよいのかという内容です。

　二つ目は、時に、思春期・青年期の支援や教育について、具体的にど
のように考えたらよいのかという内容です。

　そして、三つ目は、具体的な相談支援を行う時のわたし自身の考え方
の枠組みという内容です。この時には、個別の相談の受けとめから、地
域の相談支援機関、児童相談所、学校や放課後等デイサービスなどとの
連携も視野に入れています。性と生の課題は、生活と切り離せないから
です。

　それぞれ関連しあいつつ、わたしの具体的な性と生の相談支援実践を
形成していますが、このように大きく三つに整理をしつつ、書いてみま
した。どこから読んでいただいても、かまいません。それでは、お読み
ください。

123

1 機能しょうがいのある人たちの 豊かな性と生を支援するために

1 価値　大切にしていること

　わたしが、〈しょうがい〉と〈セクシュアリティ〉の相談と支援で、一番大切にしていることは、自分のからだとこころが大切に思えるような自分を育てていくことです。「大切なわたし」です。「自己肯定」の感覚です。さまざまな「機能しょうがい」があってもここも含めて「大切なわたし」という感覚です。この感覚があって、他者を「大切なあなた」として、はじめて尊重できるようになります。

　そのためには、①からだとこころの科学の知識、②かけがえなさとしあわせを求めるための人権という価値、そして、③人と人とが共に生きるという共生の思想、加えて、④人としてすっくとひとり立ちしていく自立と自律に向けての発達のための学習と教育が必要になります。

2　用語の整理

　はじめに簡単に用語の整理をしておきます。〈しょうがい〉と〈セクシュアリティ〉についてです。

①〈しょうがい〉の理解

　はじめに伝えたいことは、〈しょうがい〉を考える時に、「しょうがい」「機能しょうがい」「社会的障壁」という三つの言葉を区別して使いたいということです。

　2011年に「障害者基本法」が改正されました。これは、2006年に国連

総会において採択された「障害者権利条約」の批准のための国内法整備の第一段階です。この改正では、「障害者」を「身体障害、知的障害、精神障害（発達障害を含む。）その他の心身の機能の障害（以下「障害」と総称する。）がある者であつて、障害及び社会的障壁により継続的に日常生活又は社会生活に相当な制限を受ける状態にあるものをいう」というように定義をしました。そして、「社会的障壁」を「障害がある者にとつて日常生活又は社会生活を営む上で障壁となるような社会における事物、制度、慣行、観念その他一切のものをいう」と定義しました。

「身体障害、知的障害、精神障害（発達障害を含む。）その他の心身の機能の障害」を「以下「障害」と総称」というこの法律の文言のくくり方は不正確であると思います。正確に「以下「心身機能障害」と総称」と、すべきでした。英語では、インペアメント、ディスオーダーに相当し、身体構造や心身機能の損傷や不全を意味します。この本では、「機能しょうがい」としています。

「機能障害がある者たちにとって日常生活や社会生活を営む上で障壁」となる「社会における事物、制度、慣行、観念その他一切のもの」と定義した「社会的障壁」は、英語でソーシャル・バリアに相当します。「社会的障壁」は基本的に国民と政府の努力によって解消すべきものとして位置づけられています。

そして、英語でディスアビリティに相当する「障害」を「心身機能障害」と「社会的障壁」により「継続的に日常生活又は社会生活に相当な制限を受ける状態」として、こうした状態にある者を「障害者」と定義しました。

これまでは、心身機能に障害がある人を「障害者」とみなしていました。しかしこれからは、「社会的障壁」と「心身機能障害」との相互作用により、日常生活と社会生活の相当な制限を受ける状態におかれている人を「障害者」（「障害とある人」）としたのです。

このことは、日本におけるこれまでの「障害」観、「障害者」観を一歩前進させる大きな改善であったと思います。

この改善の背景には、「障害者権利条約」の採択へと導いた、誰もがあたりまえの市民として生活していくことをねがった当事者たちの社会運動の成果があります。同時に、こうした社会運動を支えた心身機能の障害を障害ととらえるのではなく、社会的障壁との関係において障害をとらえるべきだという理論、そしてこうした理論をまとめあげた世界保健機構（WHO）における国際生活機能分類（ICF）によって提示された「障害」（ディスアビリティ）の理解からの強い影響がありました。ICFでは、単なる「心身の機能の障害」を「障害」としたのではなく、社会生活の困難や生きづらさを「障害」としたのです。

②「障害」の表記

次に、「障害」の表記について簡単に触れておきます。

「障害者権利条約」の批准のために内閣府に設置された障がい者制度改革推進本部（本部長は内閣総理大臣）と、そのもとに設けられた障がい者制度改革推進会議によって2012年に出された「障害者制度の推進のための第二次意見」では、「法令等における「障害」の表記については、当面、現状の「障害」を用いることとし、今後、制度改革の集中期間内を目途に一定の結論を得ることを目指すべき」と結論づけつつ、「近年、国会においても「障碍」や「障がい」等の表記を挙げて、「障害」の表記の在り方に関する議論が度々なされており、このような動向も注視しつつ検討を進めること」としています。推進会議の名称は、「障がい」と表記していました。報告書の表記は、第一次も第二次も「障害」でした。政府においても、表記は揺れています。『朝日新聞』（2016年3月23日）では、「読者の声欄」の中で、表記について、4人の声を紹介しています。

Part2　相談支援実践理論編

「表記」について論じる場ではないので、これくらいにしておきます。

わたしは、「障害」と表記されることが嫌な当事者が少数でもいるのであれば、かまわないという当事者が多数であったとしても、使わないという選択をすべきであると考えています。研究者として、どのような表記がのぞましいのかを根拠と理由をはっきりさせつつ、自身が使うことと、こうした自分の考えを押しつけることは、異なります。意味するものの表現と表記の仕方は、多様性が尊重された方がよいと思います。

「精神分裂病」を「統合失調症」としたように、「白痴」から「精神薄弱」、そして「知的障害」というように、わたしたちは、言葉そのものも時代の要請と変化に合わせて、変えてきました。決して固定的に考える必要はないと思います。

表記に関しては、表意文字である漢字による意味の解釈をひとまず避けて、「ショウガイ」と発音のみをとりあえず表記する立場から、〈しょうがい〉と表記してきました。そもそも種々の能力がさまざまな理由で発現できていない状態である「ディスアビリティ」を「障害」「障碍」と訳すこと自体に疑問をもっています。「害」と「碍」はこれも意味が異なる漢字です。「ディスアビリティ」とは、機能しょうがいと社会的障壁により自分らしく人間らしく生きることが困難な状況をさします。つまりは、この二つの条件のために、本人がもっている潜在的なちからも含めたよりよく生きる可能性が、十分に社会的に発現できていないことなのです。こうした状態におかれている人を「〈しょうがい〉とある人（子どもも含む）」と理解するならば、「ディスアビリティ」をこれまで通り「障害」と訳すことには問題があります。

一般的には、「受容」と呼ばれる本人や家族の受けとめは、支援の過程において重要な要素です。「障害」という表記と社会的に作られた負の像が、受けとめの過程そのものを困難にしている実態について、わたした

127

ちは誠実に考えなければならないと思います。たかが「表記」の問題ではない面があります。しかしながら、この本では、こうした問題を主題として扱うわけではなく、また、表記の使い分けは非常に煩わしいので、〈しょうがい〉と表記しておきます。法律などは、そのまま「障害」「障がい」としました。佐藤久夫さんなどは「障碍」という表記を使用されています。わたしは、訳語も含めこの表記が相応しいとは考えてはいません。

③ 〈セクシュアリティ〉

敗戦後、発展、深化してきたのは、〈しょうがい〉の概念だけではありません。日本語の「性」に関連するさまざまな概念も、「フェミニズム」と呼ばれる女性解放などの運動、「性と健康」に関する実践、こうした運動や実践から影響を受けつつ与えつつしてきた理論が連関しつつ、深まり、発展してきました。特に、女性解放運動とともに発展してきた「ジェンダー」概念の発展は、同性愛、性別違和など性的少数者の権利獲得運動とともに、「セクシュアリティ」概念の発展にも影響を与えつつ、相互に発展してきました。

世界保健機構（WHO）の2002年1月に開催された会議では、「セクシュアリティは生涯を通じて人間の中心的な局面を成すもので、セックス（性別）、ジェンダー・アイデンティティ（性同一性）とジェンダー・ロール（性別役割）、性的志向、エロティシズム（官能欲望）、性的快楽、親密さ、生殖を含む。セクシュアリティは、思想、夢想、欲望、信念、態度、価値観、行為、習慣、役割、人間関係において経験され、表現される。セクシュアリティにはこれらの側面のすべてが含まれうるが、かならずしもそのすべてが経験あるいは表現されるとはかぎらない。セクシュアリティは、生物学的、心理的、社会的、経済的、政治的、文化的、倫理的、法的、歴史的、宗教的、霊的な、さまざまな要因の相互作用に影響される」

という定義が提案されました。

日本語では「性と生」と訳されることが多いです。この本では、その
まま「セクシュアリティ」としましたが、時に「性と生」としています。
「セクシュアル・ライツ」は「性の権利」、「セクシュアル・ヘルス」は「性
の健康」としています。西洋語から輸入されたカタカナことばは、わかっ
たようでわからないことが多いです。使う時には、注意が必要です。

3　機能しょうがいのある人たちの「性の権利」の確認のあゆみ

次に、機能しょうがいのある人たちが、どのようにして「性の権利」
を獲得してきたのかというあゆみについて、簡単に触れておきます。「歴
史をふりかえりながら歴史に学ぶ」ことは、いまとこれからの相談と支
援をしていくうえで、大切な手がかりになると考えているからです。人
間は、常に歴史的な存在ですから。

機能しょうがいのある人たちも性的な存在であり、「性の健康」が保障
されるべきであるという考え方が世界保健機構（WHO）の場などで国
際的にも確認され、承認されていくのは、わずか50年ほど前から、ごく
ごく最近のことです。機能しょうがいのある人たちもない市民と同様に、
市民としてふつうに、かつあたりまえに暮らすことというノーマライゼー
ション原理を提唱したスウェーデンのベンクト・ニィリエが、この原理
の五つ目で「男女ともにいる世界に住むこと」と整理をしたのは、1969
年のことでした。

1981年、「完全参加と平等」をスローガンに掲げた「国際障害者年」
の年に呼応しつつ、世界性科学者会議（現在「性の健康世界会議」）は、
「心身にしょうがいがある人々はすべて性的な存在であり、この社会の構
成員として性の喜びを享受する権利をもつ」と宣言しました。機能しょ
うがいのあるなしに関わらず、「性の権利」と「性の健康」が、「人々が

満足で安全な性生活を享受できること」と「生涯にわたり性の健康を享受できること」、そしてそのためには「必要な情報、教育、サービスを受けること」が確認されたのは、1994年のカイロ国連人口開発会議の時でした。1999年、世界性科学者会議は、「性の権利宣言」を採択します。この宣言の前文は、とても格調高いものです。

「セクシュアリティは、人間ひとりひとりの人格に組み込まれた要素の一つである。セクシュアリティが十分に発達するためには、触れ合うことの欲求、親密さ、情緒表現、快感、やさしさ、愛など、人間にとって基本的なニーズが満たされる必要がある。セクシュアリティとは、個人とさまざまな社会的構造の相互作用を通して築かれる。セクシュアリティの完全な発達は、個人の、対人関係の、そして社会生活上のウェルビーイング（well-being）（幸福、福祉）に必要不可欠なものである。性の権利とは、あらゆる人間が有する、生まれながらの自由、尊厳、平等に基づく普遍的人権である。健康が基本的人権であるゆえ、性の健康も基本的人権である。人間と社会の健康なセクシュアリティの発達を保障するために、あらゆる手段を講じて、すべての社会が性の権利を認識し、推進し、尊重し、擁護しなければならない。性の健康は、これら性の権利が認知され、尊重され、実践きれる環境が生み出すものである」と。

2005年には、世界性科学者会議は、改めて「性の権利は、基本的人権の不可欠な部分を構成するものであり、奪うことのできない普遍的なものであ」り、「すべての人々に保障されるべき性の権利なくして、性の健康を獲得することも、保持することもできない」という「モントリオール宣言」を採択しました。

こんなことが書いてあっても、しょせんお題目と思うこともあるでしょう。相談を受けながら、当事者たちを取り巻く実態や現状に、あきらめや絶望を感じることもあります。でも、大切であるけれども実現されて

いない現状にあることから、こうした文書で具体的に確認していく地道な作業を積み上げていく必要があるわけです。誰もが「性の健康」を保障されている日常生活を営んでいるのであれば、あえて課題として宣言して確認する必要はないでしょう。こうした文書の積み上げのもとには、当事者たちの社会運動とこうした社会運動を支える社会的な支援活動のなかで、当事者や支援者たちが、「性の健康」という権利を自分たちのものにしていくプロセスを通して、相互により豊かな人間になりゆく発達的な姿があるからです。わたしは、困った時こそ、いつもここに立ち返るようにしています。このように歴史と理念は単なる理念としてあるのではなく、こうした歴史と理念に導かれた実践により、より確かなものになっていきます。

4 「包括的性教育」という「学習と教育」の重要性

このような宣言の理念を具体化するかたちで、2000年には、『性の健康の推進─行動のための提言』が出されています。この提言の目標2は、「包括的性教育をすべての人々に広く提供する」ことであり、その戦略として、学校教育での提供、さまざまな教育機関での一般的カリキュラムにおける性教育の統合に続いて、「精神や身体に機能障害がある人たちに対して、包括的性教育を提供する」ことを掲げ、「精神や身体に機能障害がある人々にも、その他の人々と等しく包括的な性教育を受ける権利がある。精神や身体に機能障害がある人々には、特有のニーズや状況があり、意思決定に関して脆弱な状況に陥りやすいので、包括的性教育は優先事項である」と解説し、性教育の必要性と優先性を指摘しています。

相談と支援をしていく時に大切にしていることの四つ目として、「人としてすっくとひとり立ちしていく自立と自律に向けての発達のための学習と教育が必要」と書きました。

わたしが、この「学習と教育」を相談と支援の活動として実践する時の教育目標として、大事にしていることばがあります。「なかまとともにからだをつくる　こころをひらく　たのしくまなぶ」です。このことばは、東京都立七生養護学校の教職員の集団が、創意工夫と試行錯誤の教育実践のなかで練り上げてきたことばです。七生養護学校は、虐待などを受け、生育歴の中で愛着形成に困難を抱え、かつ知的しょうがいなどの機能しょうがいがある子どもや青年たちが生活をしている児童福祉施設から、子どもたちが通ってきていました。この学校では、校内でも、子どもたちはさまざまな性的な行動を繰り返していました。こうした子どもたちの課題に向き合い、子どもたちと寄り添いながら、こころとからだの主人公になりゆくための学習と教育の実践を積み重ねてきました。

5　「障害者権利条約」とその内容

〈しょうがい〉に関しても、大切な歴史について、簡単に触れておきます。

2006年、国連総会において、「障害者権利条約」が採択されました。特に「家庭及び家族の尊重」（第23条第1項）では、「婚姻をすることのできる年齢に障害のあるすべての人が、両当事者の自由かつ完全な合意に基づいて婚姻をし及び家族を形成する権利を認めること」、「障害のある人が、子どもの数及び出産間隔について自由にかつ責任をもって決定する権利、並びにその年齢に適した方法で生殖・出産及び家族計画に関する情報及び教育にアクセスする権利を認めること」、「障害のある人がこれらの権利を行使することを可能とするために必要な手段を提供すること」、「障害のある人（子どもを含む）が他の者との平等を基礎として生殖能力を保持すること」を確認しています。権利条約は、日本においても、2014年に、批准されました。

このように機能しょうがいのある人たちの性の権利、性の健康の権利

は、理念上は、教育的支援も含めて、国際社会においては、自明のこと
として確認されています。そして、日本の機能しょうがいのある人たち
も同様です。しかしながら、性の権利、性の健康に関する現実と実態は、
こうして確認されている理念と価値との比較において、不十分であると
いわざるをえません。

6　日本における機能しょうがい当事者の性と生の実態

①しょうがいのある人の地域生活実態調査

　こうした理念と価値との比較において、不十分と考える当事者の性と
生の実態についても、少し触れておきます。

　2012年10月に発表された「障害のある人の地域生活実態調査の結果
（最終報告）」（調査対象：福祉的就労の利用者約10,000人、きょうされ
んHP）よると、「2人に1人は相対的貧困以下、99％は年収200万円以下」、
「生活保護の受給率は、障害のない人の6倍以上」、「6割弱が親との同居」、
「低収入ほど社会と遠ざかる」、「結婚している人は4％台（していない人
は96％）」という結果が出ています。対象が、福祉的就労の利用者とい
うことで、手帳保持者よりも状況は厳しいことが推測されます。このよ
うな数値は、たとえば生涯未婚率（2010年の国勢調査）は、男性で約
20％、女性約11％であることからしても、著しく低い数値です。現在、
こうしたサービスを利用してる人は、約64万人です。性と生も含めた親
密な人間関係が構築できにくい状況に置かれています。

　内閣府による「障害者に関する世論調査」（2012年）では、「世の中に
は障害がある人に対して、障害を理由とする差別や偏見があると思うか」
では、「あると思う」とする者の割合が89.1％（「あると思う」56.1％＋「少
しはあると思う」33.0％）、「ないと思う」と答えた者の割合が9.7％となっ
ています。2007年の調査結果と比較して見ると、「あると思う」（82.9％

→89.1％）とする者の割合が上昇しています。また、「世の中には障害が
ある人に対して障害を理由とする差別や偏見」が、「あると思う」とする
者（1,706人）に、「5年前と比べて障害のある人に対する差別や偏見は
改善されたと思うか」と聞いたところ、「改善されている」とする者の割
合が51.5％（「かなり改善されている」8.5％＋「ある程度改善されている」
43.0％）、「改善されていない」とする者の割合が40.8％（「あまり改善さ
れていない」31.9％＋「ほとんど改善されていない」8.9％）となっています。

　2007年の調査結果と比較して見ると、「改善されている」（57.2％
→51.5％）とする者の割合が低下し、「改善されていない」（35.3％
→40.8％）とする者の割合が上昇しています。貧困が増大し、格差が拡
大していくなかで、機能しょうがいのある当事者たちに対する差別や偏
見という態度やまなざしは、改善されるどころか悪化しているのです。

②差別禁止部会の意見

　日本では、「障害者権利条約」の批准をきっかけに、「しょうがい」に
よる差別の禁止を規定する法律の成立に向けて議論が進み、不十分な内
容ですが、「障害を理由とする差別の解消の推進に関する法律」が成立、
2016年4月から施行されています。

　権利条約の理念を実現しつつ、差別禁止法を作るために、障害者政策
委員会差別禁止部会が設けられました。この部会が、2012年9月に出し
た「『障害を理由とする差別の禁止に関する法制』についての差別禁止
部会の意見」では、第2章第8節において家族形成を取り上げています。
障害者政策委員会とは、2011年に改正された障害者基本法において規定
されている障害者基本計画の策定または変更に当たって調査審議や意見
具申を行うとともに、計画の実施状況の監視や勧告を行うために内閣府
に設置された機関です。

Part2　相談支援実践理論編

　この意見書のなかでは、「婚姻、妊娠、出産、養育等の家族形成に関わる場面において、障害に基づく差別と思われる事案は多い」として、たとえば、婚姻については、「最も多いと思われる事例は、家族や身内からの反対であろう」として、「『障害者と結婚すると不幸になる』『家族に障害者は欲しくない』『どうやって子育てするの』…（中略）…『自分の面倒すら見られないのに』等、家族や身内の反対の声に結婚を諦めざるを得ないこともある。結婚を認めるにしても『子どもはつくらない』といった条件を付けられることもある。／こうしたことは、行政の相談窓口や障害者の入所・通所の施設関係者の対応にも見られる。特に、入所中の障害者にとって多くの場合は結婚という生活スタイルの選択肢はない。／さらに、例えば、結婚相談所に入会を申し込んでも入会申込書を渡してくれない、相談にも乗ってもらえず入会を拒否される。その後も、同じような対応でどの結婚相談所にも入会できないといった事例もある」と書かれています。

　続けて、妊娠・出産に関しては、「妊娠をさせないために本人が望まない、あるいは本人に意味を理解させないまま、優生保護法の下で優生手術をされた事例が日本にも存在したことはそれほど古い話ではない。障害者に対して、本人が望まないあるいは意味を理解していない不妊手術が、あるいは生理介助の手間を省くための違法な子宮摘出がなされる可能性は、現在においても否定はできない。／また、妊娠した際に、障害者が親になることへの支援（『産む支援』や『育てる支援』）が用意されていない状況で、『障害者なのに子どもを産む気なのか』と医療従事者に言われその病院での出産を断られる、『子どもはどうせ育てられないのだから』と医療従事者から堕胎を勧められる、聴覚障害のため、コミュニケーションがとれないということを理由として本人の望む出産方法を断られるなど障害者は子どもは産むべきではないという対応を取られるこ

135

とがある」とも書かれています。

地域において相談支援事業をしているソーシャルワーカーや保健師からの相談を受けていると、軽度の知的障害のある女性では、望まない妊娠、出産、中絶、性暴力の被害など、男性では、下着窃盗、コミュニケーションスキル不足によるストーカー加害、子どもたちへの性加害などのケースなどがあります。幼少期から現在に至るまでの性と生の「まなび」からの排除がもたらした結果でもあるのです。

③機能しょうがいのある人たちと性と生の相談支援教育実践の現状

先の実態のところで明らかなように、さまざまな機能しょうがいのある人たちの性の健康と性の権利については、十全に保障されているとは言いがたい現状が横たわっています。こうした権利侵害といえる状況を改善していくためには、子ども時代から青年、成人期に至るまで、関わる人たちによる保育士、教師、保健師、医師、ソーシャルワーカーといった専門家とこうした専門職が関わる保育園、療育施設、学校、保健所、相談機関などの専門機関をはじめ、地域の子育てNPOとの連携をもとに、さまざまな人たちによる創意工夫に満ちた多様な取り組みが必要です。

特に思春期をはさむ子ども時代においては、学校教育における性と生のまなびは、必要不可欠です。先に解説した「性の権利宣言」にあるように、「人間と社会の健康な性と生の発達を保障するために、あらゆる手段を講じて、すべての社会が性の権利を認識し、推進し、尊重し、擁護しなければならない」のであり、「性の健康は、これら性の権利が認知され、尊重され、実践される環境が生み出すものである」からです。そして、先の「提言」にあるように、「精神や身体に機能しょうがいがある人々にも、その他の人々と等しく包括的な性教育を受ける権利がある。精神や身体に機能しょうがいがある人々には、特有のニーズや状況があり、意思決定に関して脆弱な

状況に陥りやすいので、包括的性教育は優先事項である」からです。

しかしながら、児嶋芳郎（2012）「知的障害児の性教育の在り方に関する実証的研究」（東京学芸大学大学院博士論文）が明らかにしたように、「障害児教育」関係の雑誌に掲載されたしょうがいがある子どもの性、性教育に関する研究報告の検討から、2004年からは報告がほとんどされないようになり、2009年以降はまったくない状況ということがわかります。

学会発表・学術論文の発表動句からは、性、結婚および性教育に関する理論研究の不十分さが、民間教育研究団体における議論の状況からは、実践研究としては深めてきていますが、それを知的障害児の学校教育に広めることができていないことが明らかにされました。

学校教育現場における性教育実践の困難としては、「児童・生徒の個人差が大きい」「適当な教材・教具がなかった」「性教育の時間が十分にとれなかった」があげられています。そして、性教育が根づいていかない要因については、七生養護学校事件のような行政による不当な介入に典型にみられるような教育行政当局の歪んだ認識、学校の教育課程における位置づけの不十分さ、教員養成課程においても性教育実践の方法が教えられていないこと、男性教員の買春など性風俗文化の影響など教師自身が性教育に対する十分な意識をもち得ていないなかで実践を行っている実態などが指摘されているのです。

7 機能しょうがいのある人たちと性と生の〈まなび〉の実践をすすめるために

① 〈親密な関係における暴力〉にさらされる子どもたち

機能しょうがいのある子どもたち、青年たちに対して、性と生の支援実践に取り組んでいる教師や施設職員から寄せられる困難な課題として、単なる知的機能しょうがいによる認識機能の発達の遅れや自閉性しょう

がいによる感覚機能の混乱による支援の困難ではなく、愛着機能の不全
による支援の困難が重なった事例が多く出されるようになりました。彼
ら彼女らが、生い立ちのなかで、まるごと受けとめられず、常にきょう
だいや同級生などの他者たちとの比較のなかで育てられ、時に虐待を受
けたり、いじめの被害者にあい、深く傷ついた状態から癒やされておら
ず、そのために過度な性的接触を求めてくるような状況に対してどのよ
うに実践的に向き合っていったらよいのかという事例です。隣接する知
的障害児施設から子どもたちが通ってきた七生養護学校の教師たちが向
き合ってきた課題そのものです。

　現在、格差が広がり貧困が増えていくなかで、〈親密な関係における暴
力〉にさらされる子どもたちが増加しています。ここでいう〈親密な関
係における暴力〉とは、子ども虐待、高齢者虐待、ドメスティックバイ
オレンス（DV）、いじめ、学校・施設での体罰などの問題群にみられる
ちからの誤った行使である〈暴力〉です。育む—育つ、教える—学ぶと
いう「信頼」や「安心」を必要とする人間関係のなかで起こっているこ
とが特徴です。

　意図的、意識的ではなく、よかれと思っている、励ましているつもり
あっても、子どもたちは、深く傷ついています。施設に入所せざるをえ
ない子どもたちのみならず、家族と地域で暮らしているなかにも、こう
した傾向をもつ機能しょうがいのある子どもたち、青年たちが増えてき
ています。自分が自分であってよいという自己存在が肯定されないまま、
将来への見通しのなさという不安を抱え、自信がなく、少し頼れそうな
支援者に対して、過度の依存を示す子どもたち、青年たちです。

②厳しい現実のなかで生活している子どもたちのねがいを受けとめつつ

　このような子どもたち、青年たちに対して、心ある実践者たちは、決

して豊かとはいえない実践環境のなかで、人に寄り添い、課題にともに向き合う実践を創造してきました。科学的な性の知識をどのように学び合うのかという課題に加え、愛着形成不全や暴力の加害と被害の後遺症、ここにそれぞれの機能しょうがいによる支援のむずかしさが重なっているなか、暴力にさらされた人間関係と性のなかで生きてきた子どもたちや大人たちに、自己と他者への信頼をどのように再獲得させていくのかという課題の実践的解決が、いま現場において切実に求められています。

　機能しょうがいのある人たちに対する性の健康を獲得、維持するための大切な手立てである教育支援については、子ども期から青年、成人期に至るまで、社会的な〈まなび〉の体系として、市民や国民の合意を得て、整備されているわけではありません。たとえば韓国のしょうがい児施設では性教育を実践することが決められていますが、日本ではそうなっていません。ヨーロッパの国々では機能しょうがいのある子どもたちも含めて「包括的な性教育」が実践できるような法的裏付けがありますが、日本ではそうなっていないのです。

　根深い優生思想、恩恵的な福祉思想、社会的な排除の意識などが重なりあい、こと機能しょうがいのある人たちの性に対しては、怖いもの、ない方がよいこと、面倒なこと、無縁なことといった意識が根深く残っています。こうした意識は、支援をしていく側にも、多かれ少なかれあると思います。

　保守的で差別的で競争的な体質をもつ支配者層がもっとも恐れ、嫌うのが、機能しょうがいのある人たちなど社会的少数者の性の権利も含めた人権獲得の運動であり、こうした運動が市民や国民の間に広がり、理解と支持を得ていくことです。夫婦別姓、非嫡子、同性婚など、人権と社会正義という価値からすれば、とうぜん改善されるべき問題がなかなか解決されえない現状をみれば、性と性の健康に関連する権利を実現し

ていく〈まなび〉と実践が困難をともなう課題であることは理解できるでしょう。

このような状況にあっても、全国各地で、機能しょうがいのある人たちの性の健康をかけがえのない権利としてとらえ、試行錯誤しつつ、〈まなび〉の実践を積み重ねてきた人たちがいます。当事者たちを排除せず、生活と人生の主人公においた〈まなび〉の共同体を創る実践です。こうした実践を抜きにして、機能しょうがいの有無に関わらず、例外なく誰もが性的存在としても豊かに生きていくことは基本的な人権である、という価値は語れません。困難ななかでも取り組まれた実践のなかから見つけ出された、子どもたちの輝きの一つひとつの事実に意味づけと価値づけを行うこと、こうした意味づけた価値づけを技術とともに広げていくことなくして、機能しょうがいのある人たちの性と生の実践は根付いていくことはないでしょう。こうした諸実践から学んだことをまとめつつ、実践上の課題を特に青年たちに焦点をあてて提示したいと思います。

多くの青年たちは、からだの成長としての二次性徴を終えていますが、自分や異性のからだとこころの変化について、まだまだ学びが深まっていないこと、性の商品化や暴力化というポルノ文化の影響を強く受けていること、機能しょうがいがあるために自己肯定感を十分に育まれておらず、他者との比較のまなざしやいじめなどの体験によってこころの傷つきを抱えていること、これらに貧困な生活と虐待といった生い立ちが重なり、愛着の形成が不十分なため過度な性的接触や性的行動が出ていること、自身の機能しょうがいや社会的障壁（バリア）についての学習も不足しており、機能しょうがいやしょうがいの受けとめに困難があること、特に性的虐待の事例などは抱え込まず、きめこまやかなつながりを作りながら支援をしていくこと、信頼できる人と安心できる場で自分が出せること、実践にはダンスなどのときめきや楽しさが必要なことな

Part2　相談支援実践理論編

どを、実践と事例を通して確認されてきました。

③ふれあいの文化の保障を

こうした実践を通して確認できた一番大切なことは、「ふれあいの文化の教育的な保障が『過度な性的接触』を解消していく方法になりゆくこと」の確認です。『過度な性的接触』は、教員や職員へのべたべた、おさわり、子ども同士の支配関係なども含めた性的接触、親と子のべたべたな甘えなど、同意や合意のない性的接触ことです。報告されてきた青年たちの多くは、自分と他者への基本的信頼感と安心感の獲得の欠如である何らかの愛着形成の不全を抱えていました。こうした青年たちに特有な「浅くてベッタリした関係」を、「ふれあいの文化」の保障を通して「深くてアッサリした関係」へ変えていく実践が必要です。人間的な自立の過程のなかで、一方的な依存、支配的依存（従属）から、相互依存への組み替えの課題ともいえます。青年期には、成人期に至っても、こうした課題が積み残されていることが多いため、この「ふれあいの文化」の保障に焦点をあてた実践をどのように創造して、現場に根付かせていくかということが課題となっています。

アルコールや買い物や薬物や性への依存を抱えた青年後期や成人期の軽度の知的しょうがいや発達しょうがいの人たちもいます。精神しょうがいの課題とも重なります。いろいろな「生きづらさ」を抱えた人たちです。この時に改めて「からだの科学の学び」と「ふれあいの文化」の学びを切り結んだ実践づくりが課題になります。

④子どもたちに寄り添い課題をともに解決する実践そのものが
　自分と社会との格闘

わたしも共に学び、支援しているある「知的障害児施設」（現在は「障

141

害児施設」）では、「親に虐待を受け、捨てられても、知的しょうがいがあっても、万引きしても、性のトラブルを起こしても、あなたのことを大切に思う」というメッセージを、どのように子どもたちに伝えるのかが性教育実践のテーマとなっています。「それでもやっぱりあなたが好き」ということばに集約されています。自分と他者に対する信頼感覚を取り戻し、自分に関することは自分で決めることができるように配慮し、他者たちから認められる出番をもうけ、具体的にからだを動かし、豊かな文化を媒介にした実体験を重ねながら、仲間たちとともに性と生をまなびあうという実践の創造です。誰にとっても、たった一つの〈いのち〉、一度切りの〈人生〉、取り戻せない〈生活〉。何よりも困っていて支援や教育を求めているのは、当事者たちです。このような課題を抱えた人たちへの相談支援教育の実践は、学校のみで完結して行えるものではありません。他機関とのつながりをつくりつつ、家族支援も視野にいれながら、本人たちの青年後期、成人期まで見通して、創造していかなくてはなりません。まだまだ点での取り組みですが、こうした取り組みが各地域において行われつつあります。

　世界保健機構（WHO）が提案している性の健康の定義のなかに「性的に健康であるためには、性と生と性的関係に対して肯定的かつ敬意ある態度で臨み、強制や差別や暴力のない、楽しく安全な性経験をもちうる可能性がなければならない」「性の健康を獲得し維持するためには、あらゆる人の性の権利が尊重され、護られ、実現されなければならない」というくだりがあります。いま〈いのち〉の危機的状況と対峙しつつ、個人を尊重し、人間の尊厳を取り戻す相談支援教育実践が切実に求められています。

思春期・青年期の性と生の特徴とその支援

1　誰にでも訪れる思春期

　思春期は、子どもから大人になっていく時に、"からだ"と"こころ"が大きな変化をとげていく時期です。おおよそ小学校高学年ころから始まり、中学校２年生の前後に質的に飛躍をします。そして高校生の年齢になるとからだの成長は、ほぼ落ち着きます。

　わたしたちは、機能しょうがいのある子どもたちの人前で自慰をしたり、抱きついたり、知らない人について行ったりという、不適切な行動のみに目を奪われがちです。こうした行動は、機能しょうがいによるものだと決めつけ、機能しょうがいのみに注目して、何とかこうした行動をやめさせようとしますが、なかなかうまくいきません。何度も厳しく叱っても、こうした行動はやまないことが多いものです。これらは、子どもたちに共通する思春期の"からだ"と"こころ"の発達の特徴から起こることであり、また、ポルノ文化があふれる同じ社会に生きている同時代の子どもと同じように影響を受けていることについて、つい忘れがちになります。

　もちろん機能しょうがいの特性にも注意する必要がありますが、たとえ機能しょうがいがあっても、自分の"からだ"と"こころ"に起こる性へのめざめと、異性などへの関わり方に悩める一人の人間として、子どもたちを共感的に理解するまなざしが、わたしたちには求められます。

　一人ひとりの子どもたちは、わたしたちと同じ時代を生きています。性的な欲望や人を好きになる気持ちは、程度や好みの違いはあっても、誰もがもっているものです。こうした思春期の子どもたちの共通性をも

143

とにしつつ、一人ひとりがかけがえのない存在として大切に支援をされなければなりません。

この章では、思春期の特徴であるからだとこころの大きな変化について、機能しょうがいのある子どもたちを支援していく時に、大人が知っておきたいこと、配慮したいことについて、簡潔に書いていきます。

2　即効性のある解決法はない

やっと歩くことができるようになった、二語文が話せるようになった、友だちと関わりがもてるようになった……。こうした子どもの成長や発達は素直によろこぶことができるのに、射精、自慰、月経、異性（同性）への性的関心など、こと性についての成長や発達については、親や教師が、素直によろこべない現状があります。このような社会的なまなざしの中で、しょうがいのある当事者の青年たちも、性に関する教育を十分に受けることもできず、いじめなどのできごともあり、自分のしょうがいの受けとめへの支援もないまま、深く傷つき、自分に自信や誇りがもてない人もたくさんいます。

また、特に重度のしょうがいがある人たちと関わりをもつ保護者や施設職員や教師などからは、人前で自慰行為をしてしまう、月経時ナプキンをすぐに取ってしまう、性毛を抜いてしまう、特定の異性の髪やブラジャーのホックなどにこだわり、触ってしまうなどの行動について、この本で取り上げたように、どのように理解し支援をしたらよいのかといった悩みの相談がよく出されます。このような一見否定的な行動だけではなく、手をつなぐ、ほおを寄せてくるなど、重度のしょうがいのある人たちが、ことばを補うために使う身体的コミュニケーションについても、保護者や支援者の側が、いやらしい性をイメージしてしまい、なかなか共感的に受けとめきれないという現実もあります。

144

こうした行動に対しては、支援者も保護者も「ダメ」と強く叱ることを繰り返すことになりがちです。けれども、当の青年は、「ダメ」と叱られていることが納得できず、反対にその叱られ方や関わられ方にさらにこだわって、行動をエスカレートさせることも多いものです。実際に支援をする側も、タブー視されてきた性意識の影響も受けているため、具体的な支援となるとなかなか自信がもてません。ついつい性器に伸びる手を乱暴にたたいてしまったり、ふれあいつつコミュニケーションを求める当事者の行為を乱暴に拒否してしまったりと、お互いに納得のできない支援を繰り返すことになります。

相談に来られたあるお母さんは、「小さい時から性に関するものやことは、家の中でも外でも一生懸命できるかぎり遠ざけてきました。父親にも週刊誌を家にもちこまないように頼み、電車のなかでかわいい女の子がいると車両を移り、ペニスを触る手をたたき、それでも異性に興味をもってしまって……」と、嘆かれました。

特にこうした相談の中では、困った行動に対して、すぐにでも解決ができる方法をよく求められます。「恥ずかしいから」、「社会・世間が認めないから」と、すぐにでも止めさせたい気持ちはよく理解できるのですが、即効性のある方法はありません。人間の性には、奔走するエネルギーがあります。一度しかないかけがえのない人生の中で、他者との関わりと自己の実現を求めてのほとばしる源泉です。人間の性は、古今東西の文学の大きなテーマであり続けているように、文化的・社会的な影響も強く鋭く受けた生身の身体をもつ人間が織りなすドラマです。それだけに奥が深く、複雑でかつ個別的です。ですからたまたまいま障害のない人たちでも、こと自分の性に関しては、自分のおもうがままにコントロールすることはかなりむずかしい。それが人間の性の姿です。

3　からだの変化への対応

はじめに、からだの変化についてです。小学校高学年になると、女の子では、初経を迎えます。男の子は、精通がみられるようになります。外見上も、女らしいからだつき、男らしいからだつきになります。これは二次性徴と呼ばれています。自分のからだの変化を受けとめていくちからをつけていくことが、この時期の課題となります。

成熟には、機能しょうがいのあるなしに関わらず、個人差があります。それは知的な遅れのような神経系の発達が中心ではなく、性腺刺激ホルモン、性ホルモンの活発な分泌という働きによるからです。ホルモンの活発化によるからだの変化が先にあり、こうしたからだの変化に対応しつつ、受けとめていくためのこころの変化がみられます。

また、個人差に加えて、時代変化の影響もあります。同じ現代の日本に生きる機能しょうがいのない青年たちであっても、こころの成熟が整わないまま、初経や射精という生理的なからだの成熟現象、初来の時期など、からだは早熟しているようです。

機能しょうがいのある子どもたちは、総じて変化に弱い傾向があります。たとえば、自閉性しょうがいには、「同一性保持」という特性があります。簡単にいえば「こだわり」です。この「こだわり」という特性があるので、同じものが同じところにないと、視覚が不安定になり、こころも安定しにくくなります。

思春期になると、目に見えるかたちで、からだが変化をします。どんなに本人が嫌だなと思っても、性毛は生えてきます。こうした変化を受けとめきれず、性毛を抜いてしまう子どももいます。内的な変化への過度なイラだちも出てくる子どももいます。これまでみられなかったてんかん発作が出ることもあります。

Part2　相談支援実践理論編

　これらは、機能しょうがいの特性もありますが、性の学びから遠ざけられていることも要因です。機能しょうがいのあるなしに関わらず、月経や射精のしくみ、手当の仕方、対応の仕方など、二次性徴について、安心できる環境のなかで、仲間たちととともに学び合うということが、欠かせません。絵本や模型など、機能しょうがいの特性に応じたわかりやすい教材の工夫などが必要です。同時に、わたしたち大人の側も、もう一度、科学的な知識を学び直すことが、求められます。

4　こころの変化への対応① ──対人関係

　からだの変化への対応と同時に揺れ動くこころへの対応も大切です。この時期、自分くずしと自分つくりをしながら、自分とは何かを確かめていきます。

　また、母親や父親との関係の組み替えを行おうとします。性欲も目覚め、母親を「お母さん」役割のみではなく一人の女として、父親を「お父さん」役割のみではなく一人の男として、見つめるようになります。父（男）と母（女）がセックスをして自分が産まれたことに、自分の性欲を実感しつつ、気がついていきます。

　同時に、社会的な役割をもつ人として、みていくちからがついていきます。親たちの生き方や社会のあり方を鋭く問うようになるのです。社会的な正義についての目覚めです。まだまだ観念的で未熟ですが、一人前の口をきくようになります。親たちに向ける批判的なまなざしが、まだ幼いところもある自分に向かいます。これらが重なり、不安定さが増します。この揺れは、次なる脱皮へのエネルギーの蓄積になります。

　友だちとの作り方、選び方も変化していきます。「親友」という関係を求めるようになります。また、「恋愛」という特定の異性（同性もある）への性的な興味や関心も芽生えます。独占と排除というエロス的（性愛

147

特有）な人間関係を培うような対人関係への組み替えも始まります。　性別違和や同性愛などのセクシャルマイノリティへの配慮も必要です。

　このような、主に同性との友人づくりや主に異性とのつきあい方と性的衝動の対応は、発達しょうがいのある子どもにとっては、苦手な課題になります。本人たちの気持ちを大切にしながら、関わるちからをロールプレイなどを通して身につけていくこと、自分の機能しょうがいについて知り、受けとめ、他者たちにも知らせていくような取り組みも必要になります。

5　こころの変化への対応②──価値

　思春期の子どもたちは、対人関係への組み替えと並行して、これまで主に親たちから大切だと言われてきた価値を一度は壊しつつ、今度は自分で何が大切かをつかみ取っていくという内的な作業をしていきます。

　自分自身が作り上げてきたものを自分で壊さざるをえないという作業は、当然、不安を伴います。自分を確認するために、鏡をよく見るようになります。ふさぎこんだり、はしゃいだりということも起きます。

　これは、育てられてきた親たちから離れて自分なりに一人前に大人になりゆこうとしている時期ですから、あれこれと干渉されることを嫌がります。でもまだ幼い面も残していますので、友だちとの関係や思うようにならない成績などへの不安から、急に甘えるような行動をすることがあります。少し違った表現をするならば、幼鳥が、自分自身を信頼して、思い切ってガケから飛びたつというイメージです。自己信頼感、自己肯定感が、どこまで育まれてきたのか、育んでこられたのかは、飛躍への大切なポイントです。この時期は、「さなぎ」にたとえられることもあります。

　裏返せば、自分に対する信頼感は、他者たちへの信頼感の育み具合ともいえます。うまく飛べなかった時に、親たち、教師たち、仲間たち、地域の人たちが、きちんと支えてくれるのか。失敗しても何度でもやり

直せばいいんだよと励ましてくれるのか。このような他者たちが、これまでの育みのなかで、自分の心のなかに具体的な他者たちのイメージとしてどのように育まれているかどうかが、問われます。

こうしたこころの変化は、機能しょうがいのあるなしに関わらず、程度の差はあっても、起こります。ただ、発達的に遅れやもつれがある子どものなかには、くずすべき自分を十分に育まれてこなかった子どももいます。呼ばれると自分の名前がわかったり、他者との違いに気づいたり、他者たちとの関わりのなかで自分というもの（自我）が形成されていきます。受けとめるちからや関わるちからが弱いと自分が十分に育まれにくいのです。また、くずすちからも弱くなります。一人ひとりにあわせて、個別にていねいな見立てとこうした見立てにもとづいた手立てが必要です。

6　学び合いと育ち合いを　そして、相談できる関係とちからを

異年齢の集団や親とは異なる他の大人たちとの関わりは、思春期の子どもたちにとっては欠かせない条件です。子どもたちと親たちと、思春期の"からだ"と"こころ"の変化や機能しょうがいとしょうがいについて、学び合うことことが必要です。思春期は、自分で選んだ友だち、あこがれの身近な先輩、恋人、そして、信頼できるおじやおばなどの影響を受けながら、親と向き合い、親を乗り越えようとする時期だからです。

こうした学び合いを通して、育ちゆく土壌が豊かになり、大人になっていくちからを育んでいきます。

こうした学び合いは、あくまでも子どものたちの興味関心に寄り添い、疑問に応える内容であることが大切です。「ロールプレイ」「調べ学習」などの方法も有効です。

子どもたちともに作る学び合いのテーマには、たとえば、次のような

内容があります。

(1)からだ型をとって、大きくなったこと、これからのからだの変化、性器の名称、かんたんな働きなどを学び合うワーク
(2)性器の模型などを使いながら、二次性徴による月経や射精のしくみを学び合う学習
(3)タッチの学習：自分のからだ　プライベートゾーン（パンツで隠れるところ）、他者のからだ　プライベートゾーンに触れる時の是非とスキルについて学び合う学習
(4)日常的なふれあいあそび：フォークダンス、シーツブランコなど

　こうした「ふれあいの文化」の教育的な保障が『過度な性的接触』を解消していく方法になりゆくことが言われています。緩やかな性的接触を保障するなかでこそ、過激で不愉快な性的接触を乗りこえることができるのです。「禁止」「だめ」の教育とはいえない指導ではなく、他者への基本的信頼感と安心感の獲得の欠如で、何らかの愛着形成の不全を抱えている青年たちに、ルールあるゆたかな「ふれあいの文化」の保障を通して「浅くてベッタリした関係」を「深くてアッサリした関係」へ変えていく実践が求められています。

　誰もがしあわせになるために生まれ、生きています。性と生は、ひとがしあわせに生きていくためには、欠かせない人間関係の活動です。よろこびもありますが、時に、つらいおもいをすることもあります。こんな時に、相談できる関係をつくりつつ、本人にもこうしたちからを育むことも必要です。「生きづらい」と感じたら、もっとしあわせになりたいと「夢」をもったら、相談をするとよいことを伝えることも大切です。相談をすると、安心でき、勇気がわき、自信がもてます。自分でやってみたいことがみつかります。自分でやれることもわかります。そしてなによりも、ひとりぼっちでないことに、「気づき」ます。

Part2 相談支援実践理論編

3 相談支援実践の「枠組み」

　つたない相談支援の事例を読んでいただきました。事例の中でも個々に触れていますが、ここでは、相談支援を行う時に、わたし自身が、実践者として意識してきた「枠組み」について、整理をしておきたいと思います。

　相談を受けつつ、支援の活動をしている方には、同じ実践者として、お読みいただければと思います。また、相談や支援を必要としている方々には、受ける側は、このような「枠組み」を用いつつ、お話を聴き、支援の方向性を考えているのだということを知っていただければと思います。何か舞台裏を明かすようで、恥ずかしいのですが、相談をする側も、知っていることは、大切なことと思います。あくまでも、わたしが、さまざまな機能しょうがいのある方たちの性と生の支援をしていく時の基本的な「枠組み」です。

1　相談支援実践の基本構造

①まずはていねいに「聴く」ことから

　相談支援の実践は、「たった一度のかけがえのない人生を生きる主人公である当事者」と「相談支援実践の主体者である専門家であるわたしというソーシャルワーカー」とが関わりながら織りなす活動です。

　相談をされる方は、重い知的しょうがいがある場合など、機能しょうがいのある本人であることはまれです。それよりも、母親や父親などの保護者の方々、学校で教育をしている教師たち、放課後等デイサービスや生活介護といった直接的に本人たちを支援する事業所で働く支援者の

151

方々、そして、地域でこうした人たちと手をつなぎながら、相談支援の仕事をしている基幹相談支援センターのソーシャルワーカーの方々です。

　本人でない本人と関わる人たちの相談と支援をしていく時にも、何よりも当事者本人を真ん中におきながら、それぞれの困りごとをていねいに聴くことから始めます。本人にとって一番良いことって何だろうという「最善の利益」をいつも念頭においています。念頭においているのですが、いきなり相談者に対して、「本人にとって一番良いことって何ですか?」というような尋ね方は、もちろんしません。相談をしに来られた方は、それぞれの立場でたいへんお困りです。まずは、相談に来られた方に焦点を当てながら、聴いていきます。

②「ねがい」と「おもい」

　相談支援をしていく時に、わたしは、こんなふうに考えながら、やっています。まずは、わたしたち一人ひとりは、誰もが、必ず自分らしく、人間らしく生きていきたいという「ねがい」をもっていることです。こうした考え方を前提として、相談支援をしています。

　もう少し言えば、「すべて国民は、個人として尊重される。生命、自由及び幸福追求に対する国民の権利については、公共の福祉に反しない限り、立法その他の国政の上で、最大の尊重を必要とする」(憲法第13条)という考え方を基盤においています。誰もがしあわせになるために生まれ、しあわせのなるために生きている。こうした「ねがい」を保障されている。だから、「ねがい」である基本的人権は誰もがもっているということが前提です。

　次に、こうした本人の「ねがい」は、自分だけでは実現することはないということを確認したいと思います。わたしたちは、他者たちと何らかのさまざまな関係をもちつつ、社会というものを作っています。この

「関係」というのは、さまざまなつながり方です。対等なつながり方もあれば、抑圧的なつながり方もあります。暴力的なこともあれば、無関心であることも。同じ他者であっても、時と場合によっても、このつながり方（つながらない方）は、多種多様です。さまざまな約束事を作りつつ、勝手に作られた約束事も含めて、そこに縛られながら、時にちからをもつと、このルールづくりに参画しつつ、社会生活を営みます。

こうした多種多様なつながり方のなかで、自分の「ねがい」を実現しようとすれば、他者たちにこれを「おもい」として、伝えなければなりません。他者たちもこの人の「ねがい」を受けとめようとする時には、この人の「ねがい」を「おもい」として、受けとめる必要があります。これが「ねがい」と「おもい」との関係です。けれでも、さまざまな機能しょうがい、特に重い知的しょうがいがあると、うまく自分の「ねがい」を「おもい」として伝えることがむずかしいです。ここに「ねがい」を「おもい」として受けとめるちからが支援者の側に求められます。こうしたちからは、専門職として必要な大切なちからです。「共感的理解」という言葉です。そして、「のぞみ（希望）」は、「ねがい」と「おもい」が入り交じったものとして、捉えていきたいと考えています。

③家族それぞれ、当事者への「おもい」自分への「ねがい」

本人の機能しょうがいが重かったり、本人が子どもであったりすると、〈セクシュアリティ〉の相談をするのは、母親などの保護者の方々が多いです。また、支援学校の教員や放課後等デイサービスの職員などの専門職の方々の相談も数多く寄せられます。このような機能しょうがいのある本人以外の相談の時には、家族や専門職ご自身がこうありたい「ねがい」と、本人にこうあってほしいという「おもい」を区別することを大切にしています。

3 相談支援実践の「枠組み」

本人の「ねがい」を「おもい」として受けとめた上で、ご自身の本人にこうあってほしいという「おもい」を自分の「ねがい」と重ね合わせて考えることができればよいのですが、ややもすると、ご自身の「ねがい」を本人にぶつけてしまうことがあります。

たとえば、人前で自慰をする本人の行為についての相談を保護者や専門職の方々から受けている場合です。何とかこうした行為を止めさせたいという「おもい」は、本人のやめたいという「ねがい」に基づいているというよりも、みている自分が恥ずかしいから、自分の世間体が悪いから、指導不足と思われたくないなど、自分の「ねがい」に基づいた本人への「おもい」であることが得てしてありがちです。そうなると、どうしても「だめ」という強制が働きがちになります。

支援者の視点ですと、どうしても本人の「ねがい」から発せられる「おもい」を受けとめた支援というよりも、保護者の「ねがい」から発せられた「おもい」を受けとめがちになります。

本人の「ねがい」から届けられる「おもい」と保護者や支援者それぞれの「ねがい」から本人に届けられる「おもい」が重なったところで、本人への支援や指導が行えることが理想です。

当事者のつきあいたい、結婚したいという「ねがい」もそうですね。『幸せの太鼓を響かせて』（監督：小栗謙一、2011）というドキュメント映画の中で、ダウン症の青年が、既に結婚をして子どももいる知的しょうがいの方に、「自分は親が反対するから、結婚はムリ」と語っている場面も出てきます。本人は、そんなふうに思わされています。

このようにそれぞれの「ねがい」にもとづく「おもい」がぶつかりあうことの方が多いです。そんな時には、一番ちからが弱い人である本人を中心にしながら、おりあいをつけいくような調整が必要です。

本人中心の「ねがい」が広がるかたちで「おもい」が受けとめられ、

それが保護者や支援者の「わたしたちのねがい」となり、さらに広がるかたいで「みんなのねがい」になっていく。そんな相談支援のかたちを思い描きたいものです。

④「のぞみ」と「必要」

「のぞみ（希望）」は、「ねがい」と「おもい」が入り交じったものとして、捉えていきたいと書きました。相談支援を行っていく時には、本人の「のぞみ（希望）」と「必要」を分けて捉えることも大切です。相談支援を行う時には、本人の意見や意思をていねいに確認をしながら、進めていくことはとても大切なことです。けれども、このことは、何でも本人の言いなりになることではありません。わたしたちが、専門職として、相談支援を行う時には、何よりも本人の「最善の利益」（ベストインタレスト）を念頭において行うことです。「最善の利益」とは何かは、とてもむずかしい問いです。本人がこうしたい、こうしてほしいという希望がそのまま「最善の利益」ではないからです。でも、はじめに本人の「意見表明権」は、何よりも大切にしないといけません。支援できないこともあるけれど、でも、まずは、本人の「気もち」や「ねがい」や「おもい」をていねいに受けとめることから始めます。「上から目線」とか「パターナリズム」と呼ばれる「よかれ主義」、「言う通りにしていれば大丈夫」という発想は、本人がたった一度の人生のその生活の主人公であることを忘れた発想です。加えて、「意思決定支援」の大切さも強調されるようになりました。「自分の生活に関わることについては自分で決めたい」というのは、まっとうな要求です。受けとめつつ、現実と関わりつつ、どうすれば実現するのか、いつどのように実現するのか、すぐに実現できないのはなぜなのか、などなど、対話を重ねつつ、本人の幸福の実現に向けて、本人が取り組むこと、支援者たちが支援することも分けつつ、現実との「折り合い」

もつけながら、実現に向けて取り組むことが求められます。

「必要」とは、「必ず要るものこと」です。カタカナでは、「ニーズ」などと呼ばれます。自分らしく、人間らしく生活することは、幸福に生きることが、「人間の権利」です。この権利の実現のために、それぞれが努力をしています。そして、自分一人では、その実現がむずかしい時に、足りない部分については、誰もが社会的な支援を受けることができます。この「必要」の質と量は、現在の社会の人権水準によって決まります。社会全体が経済的に豊かであっても、格差が当然視される社会では、「必要」の水準は下がります。少し整理をしてみると、「『必要』は、『のぞみ』とは、必ずしも一致しない」こと、「『欲求』は、『必要』のもとになるけれども、これも、必ずしも一致しない」こと、そして、「『要求』は、『必要』を求める」ことでしょうか。

⑤「つながり」を見極め、「つながり」をつくり直す

わたしたちの目の前で日々起きている、起こっている、そして、起こしている事態。そこには、働きかけ、働きかけれられている「関係」の無限の「つなぎめ」があります。一つひとつのこの「つなぎめ」にていねいに注目して、この関係をより人間らしい「つなぎめ」に変えていこうという働きかけ実践こそが相談支援の実践です。

その時に、一つひとつの小さな「つなぎめ」は無限の大きな「つなぎめ」のしくみといつも関連していること、小さな「つなぎめ」を通して、大きな「つなぎめ」の集合体のからくりを見抜きつつ、小さな「つなぎめ」の変革を通して、大きな「つなぎめ」そのものを変革していく見通しをつかむこと。こうした視点は、共に学び合う中で、働きかけ、働きかけれる中でこそ把握できるものです。そして、働きかけ、働きかけられることで得られた実践の事実を手がかりにして、この「つなぎめ」を人間

Part2 相談支援実践理論編

らしい内容に変えていきます。

「つなぎめ」に注目するということは、その「つながり」と「つなぎかた」と「つながりかた」をていねいに見直していくことでもあります。一人の人にも、「一対一の関係」が無数にあるものです。これが時間とともに、変化をしていきます。わたし以外の働きかけの方が影響力が大きい場合の方が多いでしょう。マスコミやネットなどの影響力も「つながり」です。

「つなぎめ」には、つながっていないことも含めて、あらゆるちからの関係が集約されています。一人も無数の関係の「つながり」の中にあります。世界や社会や国家という大きなシステムのようなしくみのつながり、地域や学校などという「中間のしくみ」とその「つながり」、そして、家族のようなつながり。無数のまとまり、まとまりどうしのつながりが、わたしたち一人ひとりの意識や行動を作っていくいますし、作っていきます。

相談支援実践は、一人の専門職としても、自分のつながりかたとつなぎめに注目しつつ、支援をする人のこうした「つなぎめ」と「つながりかた」に注目して、そこの「つながりかた」を本人自身の「ちから」を育むことを大切にして、本人を中心に、この「つなぎめ」の変化を促すことでもあります。

「影響力」というのは、一つの「ちから」です。こうした「ちから」を活用して、時に、本人と本人の「生きづらさ」をもたらすものを対象化して学びながら、本人の「ちから」をつけていくことも大切です。そして、抑圧され、管理され、離れられない関係を少しずつ、対等で、平等で、自主的で、自治的で、自立的な関係に変えていくことをめざします。

この時にも、身近な具体的で小さな「つながり」を通して、大きな「つながり」との関係を捉える視点、働きかけ、働きかけられることを通して、働きかける対象の中に、大きな「つながりかた」を捉えようとする視点が

欠かせません。働きかけてはじめてわかることを大切にしたいですね。

　理念や価値と現実とのすさまじい乖離があります。どうしたらここを
少しでも近づけるていけるのか？　埋めていけるのか？　このすさまじ
い乖離はなぜ起こっているのか？　どうしたらよいのだろう？　どこか
らどのように働きかけをしたらよいのか？　具体的な相談の中での応答
の一言から、学習の組織から、関係者への働きかけから、具体的に具体
的に考えて、行動していくこと。この積み重ねを支える価値や知識や技
術とは何かを考えつつ、これらを実践的な学びを通して、わがものにし
ていくこと。そのための試行錯誤と創意工夫とは何なのか。
　一つひとつの相談支援の事例を通して、このことを確認することも、
大切な営みであるように思います。

2　臨床・実践事例検討の三つの要素　「見立て」「手立て」「立ち位置」

①事例を検討するということ：
事例検討（ケース・カンファレンス）と事例研究（ケース・スタディ）

　事例を検討する場合には、目的、つまり、何のために事例を検討する
のかということをはじめに押さえておく必要があります。事例検討には、
大きくは、二つの目的があります。一つは、事例検討（ケース・カンファ
レンス）と呼ばれ、もう一つは、事例研究（ケース・スタディ）と呼ば
れます。
　事例検討（ケース・カンファレンス）は、いま支援者が困っている事
例を取り上げ、参加者でこの事例を見立て直しをしつつ、見立てに基づ
いた今後の手立てを知恵を出し合いながら、考えていくために行われま
す。「これからどうする」のための検討です。
　事例研究（ケース・スタディ）は、たとえば児童養護施設を巣立った

子どもの児童養護施設時代のエピソードも含めてふりかえりながら、もっとよい支援の方法はなかったかなど、過去にさかのぼっての見立てと手立てを検証していく事例検討です。この目的は、同じような事例を支援する時のためのふりかえりです。「こうすればよかった」というための研究です。この時には、児童養護施設の場合、卒園生にも来てもらって、いっしょに支援をふりかえると、気づきと学びが深まります。あの時、本人は、このような気もちでいて、こんな支援をしてほしかったと、教えてくれるのですから。

　どんな事例が適切かは、事例検討を行うメンバーたちによって、また、事例検討の目的によって、どのような事例をどのように選び、どのように発表しつつ、どうやって検討していくのか、ということは、異なります。たとえば、同じ職種が集まって、検討する場合もありますし、医師や看護師などの多職種が集まって、検討することもあります。また、当事者や保護者といっしょに検討することもあります。

②「見立て」のための情報収集と分析　（アセスメント）

　事例検討では、事例提供者、つまりは、支援者の困り感に共感しつつ、いっしょにいま困っていることの解決に向けて、みんなで考えていきます。そのためには、必要な情報を集めなくてはなりません。この時には、「もし自分が支援者の○○さんであったら」と、想像力を働かせることが大切です。「もし自分だったら」という発想ではいけません。誰だって事例を提供した人の代わりにそこで働くことはできないのですから。

　必要な情報としては、アセスメントフェイスシートにあるような年齢、性別、発達状況、医療、機能しょうがい、虐待の状況、家族関係、学校環境、生い立ち、措置に至る経過、他の子どもとの関係、などがあります。ジェノグラムとエコマップをホワイトボードに描きながら、みんなで考えて

いけるとよいですね。また、困った場面のやりとりなどのエピソードも、本人を理解する上では、重要な情報です。

　そして、こうした情報を集めながら、この事例の見立ての要を分析していく必要があります。何が困らせている要因なのか？　共感的な理解をもとに、本人の内面、葛藤、行動の意味を、家族力動や、他の子ども集団や職員との関係などから探っていきます。

　この時には、支援を受ける側の関係する人たちの中で、鍵となる人は誰かについても考えます。「キーパーソン」ということです。子どもを例にすれば、この子どもに一番影響を与えている人は誰かということです。同時に、支援をする側の「キーパーソン」も考えていきます。

　「見立て」の中心は、〈見ること〉です。「見極め」「見定め」「見守り」「見通し」などの関連することばが連想できます。「立てる」というのは、具体的なイメージが浮かび上がってくる、立ち上がってくることでしょうか。こうして「見る」ことで、次なる「手立て」である実践の手がかりに結びついていきます。

　もう一つ「見る」時に大切な視点は、いま自分は「何で見ているのか」という「見ている道具」の自覚でしょうか。比喩的に言えば、見る道具によって、見え方が違うということです。同じ対象でも、顕微鏡、望遠鏡、CT、レントゲンという道具によって、見えてくるものが全く異なります。ソーシャルワーカーの道具だては、自分の中の理論的な枠組みです。各々のソーシャルワーカーには、各々の「見立て」の「クセ」があります。生育歴を重視するクセ、親子関係を重視するクセ、現在の本人を中心としたつながりぐあいを重視するクセ、機能しょうがいの特性を重視するクセなど、ワーカーそれぞれの学びと経験により、「見立て」が少しずつ異なります。ですから、ワーカー同士が集まり、多様な角度から、事例検討をすると、多面的に課題が立ち上がってきます。加えて、多職

種で検討をしていくと、それぞれの専門性のレンズも加わり、より多面的に本人像が浮かび上がってくるのです。

こうした「見立て」そのものは、「どうみるのか」という、あくまでも「仮説」です。とても大切な作業ですが、どこまでも理念的で、抽象的な内容です。「物語」の作りなおしの作業ともいえます。できるだけまるごと、全体をつかもうとしつつ、「なぜ」「どうして」という問いを背後にもちつつ、内面や動機を想像しながら、細部のエピソードからその人なりのイメージを積み上げていきます。

わたしは、カタカナ言葉が苦手ですが、いわゆる「アセスメント」ですね。関わりながら相手のことをよく知ろうとする「わかりあうためのわかりかた」です。この話を聴くという過程そのものが、大切なソーシャルワークの実践です。この時に、本人から語られるエピソードとエピソードのつながりである物語を大切に扱います。

事例提供をする人は、こうしたエピソードを具体的に思い出しつつ、語ることで、その人の人となりを自分で改めて確認するとともに、検討者の人たちにも、イメージとして浮かび上がるように語ります。検討者の人たちも、自分なりの「アセスメントシート」を想像しつつ、本人の理解がより深まるような質問をすることが求められます。

以下、わたしの頭の中にある簡単な枠組みです。

　　生い立ち
　　　　環境（住居　生活　収入　支出など）
　　　　家族環境　生育環境　学校　ジェノグラム　エコマップ
　　　　年齢　性別　ADL　発達　など
　　　　　関係の横軸
　　　　　関係の変化の時間軸
　　　　　そこに人格と内面の成長の時間軸

> いわゆる発達と発達のつまづき
> 　知的／精神／身体
> 愛着の形成と愛着の不全
> 　さまざまな虐待と不適切や養育
> もちろん　現在の生活環境も　　集団　支援職員との関係　施設設備など

③具体的な「手立て」のための話し合い　（プランニング）

「見立て」の要、ポイントがつかめてきたら、こうした「見立て」に基づいて、事例検討に参加をするみなさんと、具体的な「手立て」について考えていきます。この時に大切なことは、「もし自分が事例の当事者であったならば、どのように理解をして、どのような支援をして欲しいのか」という当事者視点を大切にすることです。

「当事者中心」の考え方ですね。ポイントは、共感的な理解とこうした理解に基づく具体的な支援です。職員のこうなって欲しい、こうあって欲しいという、おもいばかりが強いと、押しつけの上から目線の支援計画になってしまいます。そうではなくて、ねがいをきちんと受けとめた必要十分な手立てを考えることが大切ですね。この時にも、支援者自身が直接すること、同じ職場の他の支援者たち、子どもの場合であれば、学校の教師たち、児童相談所の職員、保護者などへの具体的な働きかけも、分けて考えていくことが必要でしょう。

「手立て」というのは、「見立て」が仮説的であり、抽象的であるという特徴と比較すると、具体的であり、技術的な特徴をもっています。端的に、「どうみる」と異なり、「どうする」ということですから。したがって、個別、具体な関わり方が課題です。ですから、基本的な考え方には、共通性はありますが、その支援内容や方法は、一人ひとり異なります。本人にとって最もよい関わり方、支援の仕方を探ることですから。

Part2　相談支援実践理論編

　この「手立て」については、実際にやってみないとわからないということもあります。その時には、「どうしたいですか」と希望を聴きながら、支援することと、支援者の側からは、「こうしていみたいのだけれど、よいですか」という、本人の同意も大切です。

　カタカナ用語では、「プランニング」という言葉がよく使われます。「計画づくり」のことです。計画という言葉には、「プラン」と「プログラム」があります。「プラン」は「目標計画」の意味です。「プログラム」は、「実行計画」の意味です。「見立て」が「理解」という「わかりかた」であるのに対して、「手立て」は「実行」という「関わりかた」となります。

④「手立て」と本人の強みと

　「手立て」は、改めて「本人の強み」を見つけ直しつつ、具体的に考えることが大切です。「弱点」を克服することは、誰にもむずかしく、相当な努力が必要です。でも「強み」をさらに強めることで、本人が変わり、こうした本人の変化を認め合うことで、苦労をしている家族や困難を感じている支援者も、見方が変わることで、関係が変わっていきます。

　相談者として、介入すべき、「へそ」のような「接点」。これが「強み」です。ていねいに関わりつつ、この「強み」を見つけ、そこに働きかけていくことが大切です。ただし、この「強み」はいつもそのまま「強み」であり続けるわけではありません。本人も支援者も、いい気になっていると、いつの間にか「強み」と思っていたことが、「弱み」に転化してしまうこともあります。また、「弱み」も「弱み」と自覚することで、これが「強み」に展開していくこともあります。「強み」も常に「弱み」の関係の中で、変化していきます。固定的に捉えない、柔軟な発想や視点が大切です。

　解決の手がかりは、いま取り組んでいる現場の中から見つけ出す必要

163

があります。しかし、柔軟な発想や視点のアイディアやヒントは、現場の外にあることが多いものです。行きづまっている時には、少し課題とキョリをとり、現場の外の人たちからも、意見をもらうなどを意識的にすることが大切です。

⑤気づきと学びをわかちあう

　事例の検討も、大切な気づき合い、学び合いの場です。やりっぱなしにせずに、最後に、参加者が気づいたこと、学んだことを発表し合い、わかちあうことが大切です。

　また、全体として、発表者が発表してよかったと思えるような、運営を心がけることも大切です。事例の検討、実践の検討は、実践者が専門職としてちからをつけていくためには、欠かせない研修の方法でもあります。事例の検討をしない実践者は、舞台稽古をしないで舞台に立つ俳優、研究授業をしないで授業をする教師のように、まともな仕事ができない人たちと同じです。

　子どもたちと誠実に寄り添い、ともに課題を解決していこうとすれば、困ることはあたりまえのことなのです。ですから、困ることは素敵なことであるとも言えます。困らない職員は、自らの成長を放棄した困った職員なのです。困ったら事例の検討をしてみましょう。きっとよい本人の理解と支援の方法がみつかると思います。

⑥検討した結果を実践で活かし、試してみることが大切

　事例の検討は、実践に活かすために行います。ですから、一度だけの事例検討というのは、事例検討のあり方としては、中途半端です。必ず2回目の事例検討を事例の内容に即して、1か月後とか3か月後に行いましょう。「見立て」と「見立て」に基づく「手立て」がうまくいったかど

うか、検証してみないと、いつまでたっても「見立て」と「手立て」の技術が向上しません。これも、やりっぱなしが、いちばんいけません。実践は、ふりかえってなんぼの世界なのです。

⑦「立ち位置」の自覚

「立ち位置」というのは、相談支援実践者として、いま自分が立っているところです。自分がどこに寄って立っているのかという自覚は、相談支援実践をしていく時に、大きな影響を与えます。立つ場所によって見える風景が違うからです。

どこの職場で、どの職種で、どのような権限があり、どのような制約があり、どのような価値観でもって、どのような手法を用いながら、相談支援実践を行っているのかということを絶えず意識しながら、進めていくことが必要です。

3 「共感的理解」と「自己覚知」のために
　　——自分のために実践記録を書き、学び続けよう

①実践を綴ろう

相談事例などの実践を綴ることは、実践家が独りで行うある種の「孤独」な作業です。実践を綴ることの意味を考える時、わたしは、ハンナ・アーレントが1971年に出版した『精神の生活』（佐藤和夫訳、岩波書店、1994）の序論に書かれていた「立ち止まって考える（stop and think）」ということばを思い出します。アーレントの議論の文脈、この「立ち止まって考える」について、わたしは「ふりかえる」というように解釈しています。忙しい中で、「自分の時間」を見つけることなくして、レポートは書けません。別のところで、「このような思考の欠如（考えようとしないこと：木全）というのは、我々の日常生活にはきわめてありふれたことである

のだが、そうなるのは立ち止まって考える時間はほとんどないし、ましてや、そうしたいとも思っていないのである」という一文に出あいます。

アーレントは、「考えること」（thinking）を徹底的に大切にしてきた政治哲学者ではないかと思います。この『精神の生活』を翻訳した佐藤和夫さんは、「思考の営みは、一見現実から引きこもったもののように見えるが、それが生きることの内実を形成し、そのように引きこもるという性格が人間の協同的行動と深く結びついている」ということが、「アーレントの思想の中核」であると、解説しています。

いま、わたしがこうして書いている（ワープロを打っている）ことも、ある種「引きこもって」の作業です。これまで話をしてきたこと、これまで事例検討の場の中で考えてきたこと、こうしたことは、いっしょに活動をしてきた人たちと深い結びつきがないと、書くことはできません。また、これからいっしょに活動をしていく人たちをイメージとして描きながら、綴り書きとめるという作業をしています。ですから、狭い意味では「一人で書いている」わけではありません。他者たちとの実践的な深いつながりが書かせています。でも、書いている時は「一人」なのでです。こうした作業は、生活に追われていて、ゆとりがないと、なかなかできないものです。「現場から距離を置いた孤独な作業」であり、「距離を置かないと見えてこないものがある」と思うのです。

坂元忠芳（1980）『教育実践記録論』（あゆみ出版）からいくつか大切だと思うことばを抜き書きしながら、考えてみました。

「教育実践記録を書くということは、子どもに対する働きかけの格闘をみずからの迷いや悩みを含めて、対象化することである。実践記録を書く出発点は、教師が自己の実践に対してもつ本音である（p.237）」。「本音」を書いて発表できる場が、大切です。読んでもらう、聴いてもらう仲間たちに対する信頼がないと、「本音」で書けないものです。また、こうし

た仲間たちが自分の中にいてこそ、「迷いや悩みも含めて、対象化」できるのではないでしょうか。

「記録を書くのは、実践をよりよくしていくためにのみある。だから表現の技術がどんなにみがかれていても、実践そのものが人間的でなければ記録はすぐれたものになりえない。記録のリアリティは、実践場面における教育的表現のリアリティに支えられてはじめて生きるのである（pp.258-259）」。パワーポイントによる項目のみの発表資料につながりますが、項目だけの発表資料をつくることと、この「実践をよりよく」することとのつながりはうすいように思います。パワーポイントによる項目整理には、「目に浮かぶようなやりとり」という「記録のリアリティ」に欠けるからではないでしょうか。

②「共感的理解」と「自己覚知」のために

目の前の子どもや仲間と保護者のことを「あなたのこととしてわかりたい」「わかりあいたい」と思うことです。そして、本人たちから話を聴き、記録としてまとめていくことで、自分のまなざしのレンズのゆがみや色に気づいていきます。

これが、自己学習であり、まとめられたものが貴重な自己学習の教材です。聴き取り、綴ることが一番の学習方法です。

実践の理解をさらに深めたいと思った時に、実践記録を発表して、他の実践者たちや保護者たちや専門家たちの意見に耳を傾ければよいですね。もっと理解をしたいと思ったら、関連する本や映画などを手当たり次第読んだり、観たりすればよいと思います。そして、自分が納得できる理解をもとに、日々の具体的な実践に取り組むことです。自分にとって大切で必要な教材は、試行錯誤しながら、自分で見つけるものでしょう。手っ取り早くわかろうとしないこと、困っていることをうまく解決す

るための「手立て」ばかり求めないこと、自分はどんなまなざしで子どもや仲間と障害とを観ているのか？　自分のレンズのゆがみと自分の支援のちからの偏りに気づきながら、自分のために学び続けることが遠回りにみえても、もっとも着実に相談や支援のちからをつけていく方法のように思います。

③「スーパバイズ」の重要性

最後に、簡単に「スーパーバイズ」の重要性について、書いておきます。

わたし自身そうなのですが、自分の事例は、どうしても自分のこだわりや価値観から抜け出せずに、時に、進め方が強引になったり、大切な介入の時を引き延ばしにしてしまうのなど、あとからふりかえると、反省するところが、目につき、いやになることがあります。でも、不思議と他のソーシャルワーカーの事例には、ここが勘所であると、よく気づくことができます。

改めて〈しょうがい〉と〈セクシュアリティ〉の相談と支援を実践する時に大切にしたいこと

最後にもう一度、〈しょうがい〉と〈セクシュアリティ〉の相談と支援を実践する時に大切にしたいことをまとめておきます。

わたしが、相談と支援を実践する時に、一番大切にしていることは、自分のからだとこころが大切に思えるような自分を育てていくことです。「大切なわたし」です。「自己肯定」の感覚です。

虐待などで愛着形成に課題があるからこそ、また、発達にも遅れやもつれなどの課題があっても、からだのはたらきに不自由があっても、これらも含めて「大切なわたし」という感覚です。この感覚があって、多

様な他者たち一人ひとりを「大切なあなた」として、はじめて尊重できるようになります。

　相談と支援は、その過程の中で、支援者として、本人の中に、「自己肯定」の感覚が育まれるように、行います。自分の能力がうまく発揮できていないからだやこころの状況やこうした状況の中で、もっとも身近な親たちなどの関係も含め、大きな傷つきも抱えています。何気ないまなざしや態度も、被害的に受けとめる傾向もあります。

　ひとは一人ひとり異なる存在ですが、同調圧力も強く、「ふつう」に過剰にあこがれます。〈セクシュアリティ〉は、"モテ"のような対人関係の評価に直接結びつきやすいので、外見も含め、どうにもならないからだの状態や、気もちが読み取れなかったり、むずかしいことがわからかったりするこころのはたらきがうまくいかないことは、深く自分を傷つけることにつながりやすいです。

　そのためにも、①からだとこころの科学の知識、②かけがえなさとしあわせを求めるための人権という価値、そして、③「男女」問わず多様なセクシュアリティをもつ人と人とが共に生きるという共生の思想、そして、④人としてすっくとひとり立ちしていく自立と自律に向けての発達のための学習と教育が必要になります。こうしたことは、学習を中心とした対話が保障された活動を通してしか、育むことができません。個別の相談も大切ですが、グループにおける学び合いがそれにも増して大切になります。

　機能しょうがいのある子どもたち、青年たちに対して、性と生の支援実践に取り組んでいる施設職員から寄せられる困難な課題として、単なる知的機能しょうがいによる認識機能の発達の遅れや自閉性しょうがいによる感覚機能の混乱による支援の困難ではなく、愛着機能の不全による支援の困難が重なった事例が多く出されるようになりました。

彼ら彼女らが、生い立ちの中で、まるごと受けとめられず、常にきょうだいや同級生などの他者たちとの比較の中で育てられ、時に虐待を受けたり、いじめの被害者にあい、深く傷ついた状態から癒やされておらず、そのために過度な性的接触を求めてくるような状況に対して、どのように実践的に向き合っていったらよいのかという事例です。

現在、格差が広がり貧困が増えていくなかで、〈親密な関係における暴力〉にさらされる子どもたちが増加しています。育む―育つ、教える―学ぶという「信頼」や「安心」を必要とする人間関係の中で起こっていることが特徴です。こうしたことが、青年期、成人期にも、深い影響を与えています。

意図的、意識的ではなく、よかれと思っている、励ましているつもりあっても、子どもたちは、深く傷ついています。自分が自分であってよいという自己存在が肯定されないまま、将来への見通しのなさという不安を抱え、自信がなく、少し頼れそうな支援者に対して、過度の依存を示す子どもたち、青年たち、大人たちです。

いかに困難な現状であっても、施設の中で、学校とも共同しつつ、地域の保健所などの協力もえながら、ともに学びを創りながら、「最善の利益」の視点で、地道に大胆に実践をし続けること以外、解決への道はありません。

誰にとっても、たった一つの〈いのち〉、一度切りの〈人生〉、取り戻せない〈生活〉。何よりも困っていて支援や教育を求めているのは、当事者たちなのです。

参考文献

『精神の生活』ハンナ アーレント著、佐藤和夫訳、岩波書店、1994

『教育実践記録論』あゆみ教育学叢書7、坂元忠芳著、あゆみ出版、1980

おわりに

　最後までお読みいただきありがとうございました。

　相談支援の事例をこうしたかたちでまとめることも、実際に相談支援に取り組みながら、こうして自分自身の相談支援の実践理論的な枠組みを自分なりに整理することも、広い意味でのわたし自身の相談支援実践のふりかえりの作業の一部です。

　書きながら何度も何度も自分の中でわかっていた「つもり」という「つもり」に遭遇します。何とかこうした文字にしようとするのですが、書きつつ、読み返してみると、まだまだわかっていないことがたくさんあると気づきます。いまもいくつもの事例検討会に参加させていただいていますし、時間が許す限り、自分の「立ち位置」を絶えず確認しながら、実際に相談支援をしています。その都度、あれこれと、たくさんの気づきや学びが得られます。

　他者たちの気づきと学びを自分の気づきと学びと重ね合わせることが大切だと思うのが、実際に事例検討をしている時です。わたしたちは、こうしてふりかえりを積み重ねていくことを通してしか、相談支援の実践者としてのちからを獲得していくことはできないのだと思います。

　よく「解決」ということが言われますが、そこそこ本人がうまくいっている感覚になるような方向に進み出したという程度のことだ、と思うことが多いです。そんな程度でも、実際には、たいへんなことだと、事例によっては思うことも多いです。周囲がたいへんだと騒いでいるだけで、本人は至ってのんきで、そんなことにも救われつつ、時が解決に導いてくれることもままあります。そんな時には、わたしたちが知らなかったつながりが、いつの間にか本人に解決のちからを育んでいたのでしょ

う。相談とか支援の仕事は、このように不思議なことも多いというのが、いつわりのない実感です。

　当事者、家族、支援者の方をはじめ、関わりのある人たちの気づきや学びのうえに、また、新しい気づきや学びが、積み重なったいくことで、相談支援実践の技術やそれを裏付ける思想や理論が、行きつ戻りつですが、社会状況に呼応しながら、展開、発展していくのでしょう。こうした地道な作業の一つとして、この小さな本が、役に立てていれば、何よりも幸いです。

　この本は、何よりもわたしを信頼して、相談をしてくださった、たくさんの当事者や家族や支援者の方々によってつくられました。相談をしてくださる人たちがいなかったら、こうした本はできなかったと思います。ほんとうにありがとうございました。また、わたしだけでは、とても解決できない課題については、わたし自身が、これまでたくさんの人たちに相談をさせていただきました。わたしの中の相談を通してのつながりが新たなつながりをつくり、ネットワークという網の目が広がっていきます。この事例は、あの産婦人科のドクターにつなげよう、この事例は、あの地域の相談支援のワーカーがいる、この事例は、あそこの支援学校の養護教諭であれば大丈夫、そういえばあの区の保健師さんなら安心だというように。こうしたつながりは、わたしには、とても大切な「宝物」です。そして、わたし自身が、関係するみなさんにとってのかけがえのない「宝物」でありたいと、ねがってきました。このねがいは、わたしのちから不足で、なかなかそうなってはいかないですが。

　当事者や家族の方にもちからをつけつつ、お互いにちからをつけあって、お互いになくてはならいない「宝物」として、輝きつづけたいですね。そのためにも、学び合いながら、いつも自分を磨くことを怠らないようにしたいものです。

172

おわりに

　Part2の1については、『季刊セクシュアリティ』第60号に書いた拙稿を書き直しています。他の章については、研究会や講演会や事例検討会で使用してきたレジュメをもとに、文章化してみました。

　最後になりましたが、クリエイツかもがわの田島英二さん、伊藤愛さんには、ほんとうにお世話になりました。こころよりお礼を申しあげます。

著者｜木全 和巳（きまた かずみ）
日本福祉大学社会福祉学部教授
単著書
『私たちはソーシャルワーカーです』2007年、きょうされん、萌文社
『安心して豊かに暮らせる地域をつくる』2008年、全国障害者問題研究会出版部
『児童福祉施設で生活する『〈しょうがい〉のある子どもたちと〈性〉教育支援実践の課題』
2010年、福村出版
『〈しょうがい〉のある思春期・青年期の子どもたちと〈性〉―おとなになりゆく自分を育む』
2011年、かもがわ出版
『子どもの権利とオンブズワーク』2017年、かもがわ出版
翻訳書
ミッシェル マッカーシー、ディビット トンプソン著『知的障害のある人たちの性と生の支援ハ
ンドブック』2014年、クリエイツかもがわ
シヴォーン・マクリーン、ロブ・ハンソン著『ソーシャルワーク・ポケットブック　パワーとエン
パワメント』2016年、クリエイツかもがわ

〈しょうがい〉と〈セクシュアリティ〉の相談と支援

2018年1月31日　第1刷発行

著　者●©木全 和巳

発行者●田島 英二

発行所●株式会社クリエイツかもがわ
〒601-8382　京都市南区吉祥院石原上川原町21
電話 075 (661) 5741　FAX 075 (693) 6605
郵便振替　00990-7-150584
http://www.creates-k.co.jp

イラスト●ホンマヨウヘイ
装　丁●菅田 亮
印刷所●モリモト印刷株式会社

ISBN978-4-86342-230-8 C0037　　　　Printed in Japan

■ 好評既刊

福祉事業型「専攻科」エコールKOBEの挑戦
岡本正・河南勝・渡部昭男編著

障害のある青年も「ゆっくりじっくり学びたい、学ばせたい」願いを実現した
学びの場「専攻科」、ゆたかな人格的発達をめざす先駆的な実践。高等部卒業後、
就職か福祉就労の2つしかなかった世界で生まれた、新たな「学びの場」＝「進
学」という第3の選択肢のモデル的な取り組み。　　　　　　　　　　2000円

発達障害者の就労支援ハンドブック
ゲイル・ホーキンズ著　森由美子監訳

画期的な就労支援ハンドブック！　就労支援関係者の必読、必携！
「指導のための4つの柱」にもとづき、「就労の道具箱10」で学び、大きなイメー
ジ評価と具体的な方法で就労に結びつける。　　　　　　　　　　　3200円

あたし研究2　自閉症スペクトラム〜小道モコの場合　【5刷】
小道モコ文・絵

自分らしく生きられる社会への願いをこめ……渾身の第2弾！
私の世界は表現したいことに満ち満ちています。だから、楽しんで苦労しなが
ら書き／描き続けます。13エピソード収録。　　　　　　　　　　　2000円

あたし研究　自閉症スペクトラム〜小道モコの場合　【14刷】
小道モコ文・絵

知れば知るほど私の世界はおもしろいし、理解と工夫ヒトツでのびのびと自分
らしく歩いていける！自閉症スペクトラムの当事者が『ありのままにその人らし
く生きられる』社会を願って語りだす。　　　　　　　　　　　　　1800円

思春期をともに生きる
中学校支援学級の仲間たち
加藤由紀著　越野和之／大阪教育文化センター編

揺れる思春期、ひととの違いが気になり、できない自分を認めるのはそう簡単
ではない。同じ"ワケあり"の仲間の中で、お互いの強みも苦手も了解しあい、"自
分"を見出す子どもたち。その自信を支えに課題に向き合っていく——。2000円

「合理的配慮」とは何か？
通常教育と特別支援教育の課題
清水貞夫・西村修一著

「合理的配慮」は、特別支援教育分野のことでなく、通常教育の課題。　2000円

価格は**本体表示**

好評既刊

生活をゆたかにする性教育　障がいのある人たちとつくるこころとからだの学習
千住真理子著　伊藤修毅編

障がいのある子どもたち・青年たちの学びの場を保障し、青春を応援しよう。障がいのある人たちの性教育の具体的な取り組み方を、実践例と学びの意義をまじえて、テーマごとに取り上げる。　　　　　　　　　　　　　　　　1500円

実践、楽しんでますか？　発達保障からみた障害児者のライフステージ
全国障害者問題研究会兵庫支部・木下孝司・川地亜弥子・赤木和重・河南勝編著

実践に共通するキーワードは「楽しい」「仲間」「集団」。発達保障をテーマにした、乳幼児期、学齢期、青年・成人期、3つのライフステージでの実践報告と、3人の神戸大学の研究者の解説＆講演、座談会。　　　　　　　　　　　　2000円

発達のひかりは時代に充ちたか？　療育記録映画『夜明け前の子どもたち』から学ぶ
田村和宏・玉村公二彦・中村隆一編著
コラム／白石正久・木下孝司・西垣順子・河合隆平

半世紀前『この子らを世の光りに』の糸賀一雄、田中昌人らがつくった「療育記録映画」を現代的視点で問い直す。　　　　　　　　　　　　　2500円

花咲き夢咲く桃山の里　地域と歩む障害者福祉
社会福祉法人あみの福祉会編著

地域とともにあゆみ、どんなに障害が重いなかま（利用者）とも正直に向きあう。障害のある人たちが地域であたりまえに働き、暮らす取り組みを、ゆっくりとあきらめずに続ける姿。　　　　　　　　　　　　　　　　　　2000円

知的障害のある人たちの性と生の支援ハンドブック
木全和巳訳　ミッシェル マッカーシー／ディビット トンプソン著

支援に迷ったときのヒントに。法律、自慰、月経、恋愛、虐待などのテーマごとに、おさえておきたい基本的な支援の理論と実践を紹介。知的障害のある人たちの人生において、性と生を肯定的に意味づける。　　　2000円

子どもたちと育みあうセクシュアリティー
児童養護施設での性と生の支援実践
太田敬志・中井良次・木全和巳・鎧塚理恵
"人間と性"教育研究協議会児童養護施設サークル編集

徹底して子どもの現実に迫り、子どもへの関わり方・援助方法、性教育のポイントを明解に語る。年齢別・テーマ別性教育と科学的な基礎知識、具体的な場面を想定したQ&A、コラムなど、求められる内容を網羅。　2200円

価格は**本体表示**